ANTWORTEN
AUS DEM
HIER UND JETZT

D1683369

Herstellung im Selbstverlag · www.yogische-lebenskunst.de
© 2009 Daniel Hertlein · Alle Rechte vorbehalten

Redaktionelle Bearbeitung: Gabi Junklewitz · *Lektorat:* Andrea Hetterich
Buchgestaltung & Foto Rückseite: Gabi Junklewitz · *Technische Umsetzung:* Michael Stolz
Druck & Bindung: Mediahaus Biering GmbH · Gedruckt in Deutschland

Daniel Hertlein

ANTWORTEN AUS DEM HIER UND JETZT

Wie wir da *ankommen*,
wo wir IMMER schon waren

Vorwort

Das 1. Kapitel

Die Praxis des Annehmens

Das 2. Kapitel

Schritte auf dem Weg

Das 5. Kapitel

Verbindung zum Lehrer

Das 6. Kapitel

Nicht suchen, finden

Das 7. Kapitel

Wahres Verstehen

Das 8. Kapitel

In der Welt, aber nicht von der Welt

VORWORT

Immer wieder im letzten Jahr, welches ich in jeder freien Minute vor meinem Laptop verbracht habe – das Telefon am Ohr oder in nächster Reichweite – wurde ich gefragt, was das denn für ein Buch ist, das da mit so viel Begeisterung und *Herzblut* entsteht.

Irgendwie kam ich nie auf die Idee, zu sagen: „Ja, also, es geht um Erwachen, darum, bei uns selbst anzukommen und unser „Verbunden sein" mit allem ..." Nein, meist kam eine Antwort heraus wie: „Es ist ein Versuch, mehr Menschen an etwas teilhaben zu lassen, was mein Leben und das von vielen anderen so *grundlegend* verändert hat." Und das trifft es wirklich besser als alles andere: Mit diesem Buch möchten wir soweit wie möglich *fühlbar* machen, wie es ist, in einer direkten Verbindung mit einem wahren spirituellen Lehrer zu sein – „der leichteste und sicherste Weg zur Wahrheit", wie Swami Muktananda einmal sagte.

Es *geht* in diesem Buch um „Verbunden sein", um Wahrheit, göttliche Liebe, Erwachen – doch diese Worte wurden nicht von einem der Welt entrückten Meister irgendwo in einer Höhle oder in einem abgeschiedenen Kloster verfasst, sondern sie formten sich *hier*, mitten in unserem westlichen Alltag – in direktem zwischenmenschlichen Kontakt. Sie sind Ausdruck der gelebten Weisheit eines Lehrers, der bereit ist, sich tief *einzulassen* auf seine Schüler, Zeit mit ihnen zu verbringen, diese Verbindung wirklich zu leben.

In der Gegenwart eines Lehrers wie Daniel Hertlein zu sein, ist eine tiefgreifende Erfahrung, die uns unmittelbar fühlen lässt, wie *lebendig* und kraftvoll das Hier und Jetzt ist. Es ist, als würde sich die Tür zu etwas völlig Neuem öffnen, was sich zugleich zutiefst *vertraut* anfühlt, ganz natürlich ... und wahrhaftiger als alles andere.

Jede Illusion, es ließe sich irgendetwas von uns verbergen, löst sich ebenso plötzlich auf wie jede Vorstellung, dass wir etwas verbergen *müssten.* Da ist ein vollständiges „Gesehen werden" und „Angenommen sein". Eine tiefe Liebe, die einfach da ist, ohne dass wir etwas dafür tun müssen oder tun können.

Es ist sehr schön und nährend, in dieser Liebe zu „baden". Doch das *Anliegen* eines wahrhaftigen Lehrers ist es, uns so zu unterrichten, dass wir das, was wir in ihm spüren, auch in uns *selbst* entdecken und nach und nach verwirklichen – unsere wahre Natur. Und das geschieht nicht, indem er unseren ewig hungrigen Verstand mit einer weiteren Philosophie von Gott und Erleuchtung füttert. Sondern indem er *wahrhaftig* mit uns ist.

Begegnungen mit Daniel Hertlein sind intensiv – unvorhersehbar und unwiederholbar, mal sanft, mal streng, mal mit tiefgründigem Witz. Es fühlt sich sehr lebendig an, und es kommt eigentlich immer anders, als man *denkt.* Auf unterschiedlichste Weisen rüttelt er an unserem ständigen „Werten und Wollen", so dass wir aus unserem gewöhnlichen Bewusstsein herausfallen und ein anderes „Da sein" erfahren.

Immer wieder inspiriert er uns, ernsthaft zu praktizieren – zu meditieren, Achtsamkeit zu üben bei allem, was wir tun. So war auch die Arbeit an diesem Buch intensive *Praxis,* ein tiefes „Sich erfahren".

Um die „Lehre“ von Daniel Hertlein so *authentisch* wie möglich wiederzugeben, gingen wir von den Originalworten aus, die er während seiner Workshops, Retreats und Satsangs gesprochen hat.

Während enge Schüler die Sprachaufnahmen Wort für Wort abschrieben und wir dann aus Hunderten Manuskriptseiten grundlegende Fragen und Themen auswählten und bearbeiteten, wurde ihr Inhalt bereits *gelebt.* Achtsamkeit, Respekt, Hingabe, ein offenes, lebendiges Miteinander ... das alles ist in diesem Buch bereits enthalten.

Und es brauchte in der Tat viel Achtsamkeit und Respekt, um aus den *Originalabschriften* der oft stundenlangen, in sich stimmigen Satsangs kurze, in sich stimmige Texte herauszulösen. Und dabei auch all das fühlbar zu machen, was *nicht* gesprochen wird, aber im direkten Austausch so sehr unterrichtet: der Ausdruck der Stimme, die bildhaft sprechenden Hände, eine amüsiert hochgezogene Augenbraue, ein befreiendes Lachen, ein *Blick* oder ein langes, langes Schweigen ...

Soweit das in einem Buch möglich ist, haben wir versucht, neben der „Botschaft“ jedes Textes immer auch den „Geist hinter den Worten“ zu bewahren – diese Klarheit und Präsenz, die sich ganz spontan immer wieder *frisch* und anders äußert, die nicht gebunden ist an einen logischen Aufbau, an einen durchgängigen Ton oder an inhaltliche Vollständigkeit.

Es war ein intensiver Prozess. Jede Antwort wollte „erfühlt“ und wirklich *durchdrungen* werden, bevor sie es gestattete, auch nur über das Umstellen oder Weglassen eines Halbsatzes nachzudenken.

Die Kraft des Gesagten ist stark *spürbar*, es berührt etwas im Inneren, was sich nicht fassen, nicht greifen lässt, sich aber einfach wahrhaftig anfühlt. Was macht diese „unerklärliche" Wirkung aus? Was ist der wesentliche Impuls, der diesem Menschen gegeben wird, welche Gedanken sind essentiell dafür? Auf was kann verzichtet werden, weil es vielleicht eher einem anderen Schüler bei diesem Satsang galt?

Um das herauszufinden, war mir weder mein *intellektuelles* Verständnis eine sonderliche Hilfe noch mein Handwerkszeug als Texterin. Der einzige Zugang bestand darin, mich vollkommen *einzulassen* auf diese Worte, mich in sie „hineinfallen" zu lassen ... um dann im Austausch mit Daniel die Essenz jedes Textes zu ergründen.

Über Monate hinweg nutzten wir jede Gelegenheit, um verbunden durch Internet und Telefon an unseren Computern zu sitzen und gemeinsam die Texte zu bearbeiten. Kein Satz war „unwichtig", nichts wurde einfach so dahingeschrieben.

Immer wieder wurde das Gesagte und Gefühlte gedreht und gewendet, Formulierungen flossen hin und her ... bis irgendwann plötzlich alles Überflüssige und Ablenkende wegfiel und unser *Gefühl* für diesen Text in den Worten lebendig war. Und erst dann „ließ uns dieses Thema los" und gab den Platz frei für das nächste.

Wie viel Zeit das im Einzelfall brauchte, war nicht wichtig. Wir „taten einfach, was wir taten" ... und ich erlebte mit tiefer Freude, wie das, worüber wir schrieben und *wie* wir es taten, ineinander floss, untrennbar miteinander verwoben war – eins war. Während wir uns mit Texten wie „Spiritualität leben" oder „Die Lebensaufgabe finden" beschäftigten, lebten wir weiter unseren *Alltag* mit unseren Familien. Ein weiteres Kind wurde geboren, ein Haus wurde gebaut und zahlreiche Schüler weiter unterrichtet. Es wurde weiter eingekauft, geputzt, Lateinvokabeln abgefragt ...

Ohne einen *Plan* zu haben, wie das alles unter einen Hut passen könnte, hat es irgendwie immer gepasst. Was für eine wunderbare Erfahrung, das Wissen in diesem Buch so unmittelbar zu erleben!

Und das wünsche ich auch jedem Leser dieses Buches von Herzen. Möge es Dir viele erfüllende, *wahrhaftige* Momente im Hier und Jetzt schenken und Dich immer wieder an das tiefe Wissen erinnern, das wir *alle* in uns haben und das nur darauf wartet, ins Leben zu kommen ...

Gabi Junklewitz

DIE PRAXIS DES ANNEHMENS

Warum darf nicht *alles* da sein?
Einfach, weil es so ist. Krankheit, Lachen,
Leid, Freude, spielende und
unbeschwerte *Kinder* … Du schaust auf die
Welt und siehst das alles. Das muss
sich Gott jeden Tag anschauen!

DIE BLUME DES BUDDHA

Schülerin: Ich habe eine Frage zu einem Text, den ich über *Buddha* gelesen habe: Eines Tages versammelte er seine Schüler. Statt zu ihnen zu sprechen, hielt er ihnen schweigend eine Lotusblume hin.

Alle schauten ihn fragend an, nur einer der Mönche lächelte einfach. Und nur dieser, erklärte Buddha seinen Schülern, hatte das *wahre* Verständnis für seine Lehre. Jetzt frage ich mich: Darf man denn, wenn man etwas sieht, überhaupt keine *Gedanken* mehr haben?

In diesen buddhistischen Büchern lese ich auch immer, Träume sind nur Illusionen. Heißt das denn, dass man gar keine *Träume* mehr im Leben haben darf? Darf ich nicht mehr von einem Haus in Amerika träumen?

Daniel: *Darf…?* Wer will es dir verbieten? Oder erlauben? Du darfst alles. Wichtig ist erstmal, mitzubekommen, dass du gerade in einem Traum bist – das ist schon der erste Schritt.

Wenn du von einem Haus in Amerika träumst, bist du nicht *anwesend* im Hier und Jetzt. Nicht im Kontakt mit dem, was wirklich ist.

Wer in dir meint, dass dieses Haus in Amerika besser ist als das Hier und Jetzt? Dass dieser Moment hier nicht gut *genug* ist?

Wenn du in Gedanken in dem Haus in Amerika bist, kannst du die Blume nicht sehen. Du nimmst sie nicht in ihrer ganzen Schönheit wahr.

Du sitzt dann vielleicht auch da und lächelst.
Weil es angenehm ist, an dieses Traumhaus zu denken.
Aber das hat nichts mit der Wahrheit zu tun.

Du bist in einer virtuellen Welt, die du dir geschaffen hast. Diese Welt ist immer etwas Kreiertes – deine Kreation. Du musst es tun, du bist der *Macher.* Du lässt nicht die Dinge zu dir kommen, sondern du „erschaffst" sie. Auf diese Art bist du vielleicht in Kontakt mit deinem schöpferischen Potential – aber nur auf einer bestimmten Ebene. Auf dem inneren Weg erkennen wir, dass nicht wir die „Macher" sind.

Manche Menschen flüchten sich von einer virtuellen Wirklichkeit in die nächste, die *denken* sich ihr Leben schön. Das kann auch eine gute Stimmung erzeugen, aber Stimmungen kommen und gehen. Andere sagen: „Alles kommt von Gott – auch Gedanken, Emotionen, Bilder und Träume. Also ist alles, was auftaucht, gut." Ja, das kann man so sehen. Doch wichtig ist, wie du damit *umgehst.* Nutzt du all die Erscheinungen deines Geistes, um von ihnen etwas über dich selbst zu lernen?

Auch dein Traum kann dein Lehrer sein. Deshalb ... Träume zu haben, ist nichts Schlechtes. Du kannst dich über sie *ergründen.* In Kontakt mit einer tiefen Sehnsucht in dir kommen – und vielleicht erkennen, aus welchem „Mangel" in deinem Leben sie entsteht.

Das heißt nicht, dass du deinen Traum nie leben wirst. Vielleicht *sollst* du etwas in die Welt bringen. Vielleicht wirst du mal ein Haus in Amerika haben, kann sein. Aber vielleicht *steht* dieses Haus auch für etwas – sehr wahrscheinlich sogar ...

Für was steht Amerika für dich, für was steht dieses Haus? Jetzt in deinem Leben, in diesem Moment? Wenn du das erkennst, dann hat dieses Haus, dieses Traumbild etwas mit *dir* hier und jetzt zu tun.

Wichtig ist in meinen Augen, diese Bilder, Träume, Visionen und so weiter auf sich selbst zurückzuwerfen – nach *innen.* Die meisten projizieren alles nach außen, auf andere Menschen oder bestimmte Umstände. Und erwarten dann, dass durch *sie* ihre Sehnsucht erfüllt wird. Doch das funktioniert nicht.

Nimm alles an, was in dir auftaucht. Hier ein Gedanke, da ein Traumbild ... du fühlst die Dinge in dir, lässt dich von ihnen unterrichten und lässt sie wieder los.

Dinge einfach erscheinen lassen, ohne etwas abzuziehen oder hinzuzufügen – in so einem Moment bist du in einer freudigen Verbindung mit der Welt, kannst die ganze Schönheit einer Blume sehen ... und lächeln.

Das ist unsere Übung.

LASS ES RAUS

SCHÜLERIN: Mir ist in den letzten Tagen und Wochen klar geworden, dass ich nicht nur viel Traurigkeit in mir habe, sondern dass ich auch ganz schön wütend bin. Und ich weiß nicht, wie ich die Wut *rauslassen* soll. Es passiert meist in den verkehrten Momenten – zum Beispiel in Verbindung mit meinen Kindern. Wie kann ich Wut da sein lassen, ohne etwas *Verkehrtes* zu machen? Wie gebe ich ihr Raum?

Daniel: Du hast vorhin deiner Traurigkeit Raum gegeben: Du hast nach der Schüttelmeditation einfach geweint. Genauso kannst du es mit deiner Wut machen. Auch wenn es dir da offenbar viel *schwerer* fällt ...

Schülerin: Ja, wenn man traurig ist, weint man. Aber wenn man wütend ist? Schlägt man dann irgendwo drauf? – Ich weiß es nicht.

Daniel: Was spricht dagegen? Natürlich solltest du nicht deine Kinder schlagen, aber vielleicht mal mit voller Wucht auf ein *Schlagpolster.* Hau drauf und schreie! Damit schadest du keinem, doch du schadest dir, wenn du deine Wut nicht mal raus lässt.

Schüler: Genau. Ich gehe auch manchmal in den Heizungskeller und schreie.

Daniel *(lacht):* Das ist zumindest *eine* Möglichkeit. Ob sich das Problem dadurch gleich auflöst, weiß ich nicht. Aber du lässt einfach mal Dampf ab – und das ist enorm befreiend.

Schüttle dich, schreie, schlage ...
und dann setze dich auf dein Kissen
und meditiere darüber.

Katharsis hilft – denn wenn du dich gleich zur Meditation hinsetzt, überfordern dich möglicherweise deine aufgestauten Aggressionen.

Das Gute ist, dass du durch deine Achtsamkeit das „Zuviel" in Verbindung mit deinen Kindern erkannt hast. Du bekommst es mit, dass sich da eine alte Wut an einen neuen Ärger dranhängt. Vielleicht wirst du allein dadurch deine Kinder bei der nächsten hitzigen Begegnung eher *ermahnen* als anschreien. Und du merkst ja, ob du einen adäquaten Ausdruck gefunden hast – ob sich ein Gefühl von Stimmigkeit einstellt oder eher Schuldgefühle ...

Es ist eine Kunst, die Sachen im richtigen Maße da sein zu lassen, wo sie hingehören. Aber erst mal, glaube ich, ist es wichtig, dass du überhaupt in *Kontakt* mit deiner Wut bist. Und wird sie zu groß, dann gehe in den Heizungskeller und schreie. Danach kannst du zu deinen geliebten Ärger-Fritzen zurückkehren und ihnen in aller *Ruhe* mitteilen, was dich stört.

❦

NICHT DENKEN, FÜHLEN

Schüler: Bei mir rotieren die Gedanken eigentlich die ganze Zeit, und eine Sache beschäftigt mich ganz besonders: dass ich jeden Morgen auf dem Weg zur Arbeit total verkrampft und verdammt *negativ* bin und die Leute im Straßenverkehr geradezu wegfege. Und dann denke ich: „Das ist irgendwie unschön, so möchte ich nicht leben!" Auf der einen Seite, wenn man es *rational* sieht, ist mein Leben eigentlich gar nicht so schlecht ...

DANIEL: ... doch auf der anderen Seite – wenn du es *nicht* rational siehst, fühlt es sich richtig Sch --- *schlecht* an?

SCHÜLER: Danke.

DANIEL: Bitte.

SCHÜLER: Da laufen einfach immer wieder dieselben alten *Mechanismen* ab ... und ich denk mir dann wieder: „Hey, das ist doch jetzt blöd, genau das jetzt wieder zu denken!" – Und schon drück' ich es weg.

DANIEL: Aber warum willst du es *wegdrücken?* Warum meinst du, dass es nicht okay ist, auch „negative" Gedanken und Emotionen zu haben? Vielleicht sind sie wichtig – du solltest dich nicht dafür tadeln. Wollen diese Gedanken, Emotionen und die Verkrampfungen in deinem Körper dir nicht lediglich etwas näher bringen? Vielleicht sagen sie: „Hallo, nimm mich wahr, *fühle* mich! Bitte ändere etwas, dann gehe ich auch wieder und lasse dich in Frieden." So erinnern sie dich daran, innezuhalten.

Wenn du merkst, dass sie dir „Guten Morgen" sagen, dann setze dich einfach hin und werde still. Lasse sie aufsteigen und höre ihnen zu, ohne dich zu rechtfertigen.

Alles andere verdirbt dir nur deinen Tag.

Deine Emotionen und Gedanken sind nicht deine *Gegner.* Das heißt nicht, dass du ihnen folgen musst – aber du solltest sie wahrnehmen.

Ich bin mir sicher, wenn du dir erlaubst,
zu fühlen, was in dir ist, dass du genug Kraft daraus
schöpfen wirst, um Dinge zu verändern.

ZUM LEBEN ERWECKT

Schülerin: Wenn du von „Mensch sein" und Lebendigkeit sprichst, merke ich erst, wie *unlebendig* ich bin. Selbst in Situationen, wo ich früher einfach losgeweint hätte, bleibe ich total ruhig. Aber irgendwie fühlt sich das nicht gut an. Ich bin ständig müde, mein Körper tut weh und ich habe überhaupt keine Energie.

Daniel: Was in dir ist es, was nicht lebendig ist? Was macht dich müde, was zieht deine Energie? Und vor allem: Was in dir *weiß,* dass es noch mehr gibt – ein kraftvolleres Dasein?

Ja, es gibt etwas in uns, das erkennt, wenn wir einen Teil von uns nicht leben. Und dieses *Zurückhalten* lässt uns nicht vollständig sein, nicht 100% lebendig. Wenn wir lebendig sind, sind wir kreativ und leben unser Potential. Unendliche Energie steht uns zur Verfügung, um Dinge zum *Ausdruck* zu bringen, ins Leben zu bringen. Die Energie kann frei fließen – fühlbar in unserem physischen Körper, sichtbar in der äußeren Welt. Dieses „Lebendig sein“ ist potentiell immer da. Nur fühlen wir es manchmal nicht so.

Was brauchen wir, um uns lebendig zu fühlen? Ist das abhängig von äußeren Umständen? Wer oder was ist schuld daran, dass wir uns womöglich *nicht* lebendig fühlen? Kann man diese Verantwortung abgeben? Oder sind wir einzig und allein selbst dafür verantwortlich?

Wir sind zumindest für unser
Aufwachen verantwortlich. Dafür, uns selbst
zu fühlen – mit allem, was da ist.

Wenn ich mich öffne – jetzt, während ich hier mit euch sitze –, was ist dann da? Was ereignet sich in meinem Körper? Es sind Dinge da wie Unsicherheit ... Angst ... Sehnsucht ... Neugier ... Beklemmung ... Schmerz ... Freude ... Stabilität ... Zuversicht ... Wärme ... Die Gegenwart jedes Einzelnen ist fühlbar. Es ist sehr lebendig.

Alles, was da ist, ist im Wechsel, hält nie lange an. Gerade so lange, dass ich es *registrieren* kann – ohne jedoch besonderes Interesse daran zu haben, ohne mich auf jemanden oder etwas davon zu beziehen. Auch wenn es im Außen so aussehen mag, dass ich nur still hier sitze, ereignen sich zahlreiche Dinge in mir ... ich erfahre mein „Lebendig sein". Ich erfahre euer „Lebendig sein", unser „Lebendig sein" ... „Verbunden sein". Es ist sehr kraftvoll, mit dem Bewusstsein zu praktizieren, dass jeder Einzelne diesen Raum *mitgestaltet* durch das, was in ihm gerade stattfindet – durch seine Stimmung, seine Gedanken, durch sein ganzes Dasein. Wie weit man das mitbekommt, ist eine Frage der Sensibilität.

Das heißt, im Grunde können wir nichts *verstecken*, weder vor uns selbst noch vor anderen. Aber viele glauben, sie könnten es. Die meisten Menschen halten einiges zurück. Traurigkeit zum Beispiel ist für viele nicht angenehm. Also versuchen sie, ihr aus dem Weg zu gehen, sie nicht zuzulassen. Weil es vielleicht nicht ihrem *Selbstbild* entspricht, auch mal traurig zu sein. Weil sie werten und meinen, dass Traurigkeit schlecht und nur Freude gut ist.

Wenn es uns möglich wäre, Traurigkeit genauso offen anzunehmen wie Freude, dann gäbe es kein Problem, oder?

Wenn wir traurig sind, dann sind wir traurig, wenn wir lachen, dann lachen wir – wo ist dann noch ein Problem? Dann sind wir sehr authentisch. Sehr lebendig!

Halten wir jedoch an unserer Wertung, an unserem Selbstbild fest, werden wir uns von dem, was da gefühlt werden will, *abtrennen*. So leugnen wir einen Teil von uns selbst und werden auf eine bestimmte Art unlebendig – wir sind nicht mehr im natürlichen Fluss der Dinge. Und dieses „Dagegen arbeiten" ist ein aktiver Prozess.

Viele stürzen sich in alle möglichen *Aktivitäten,* um sich von sich selber abzulenken – einige machen dabei eine Riesenkarriere. Der Rockmusiker Lenny Kravitz hat mal gesagt: „Wer viel arbeitet, kann viel verdrängen“ ... eine ziemlich weise Erkenntnis.

Um uns vollständig zu fühlen, ist es notwendig, Frieden zu schließen mit dem, was war und jetzt ist. Doch dafür muss es erst mal *da* sein dürfen – mit all seiner Kraft. Wir müssen die *Lebendigkeit* dieser Dinge erfahren!

Etwas in dir, ich nenne es oft den *Beobachter* oder Zeugen, kann dein „Lebendig sein“ oder „Unlebendig sein“ sehen. Es nimmt wahr, was du mit den auftauchenden Gedanken, Emotionen und Bildern machst. Das heißt, es gibt ein ständiges *Erkennen* ... zum Beispiel auch der Tatsache, dass du den natürlichen Fluss dieser Erscheinungen unterbindest, wenn du an einer Sache festhältst oder sie ablehnst.

Und wenn du das über einen längeren Zeitraum hinweg tust, zeigt sich diese „fehlende *innere* Bewegung“ schließlich auch in deinem Körper. Es entstehen Blockaden und du verlierst gleich doppelt Energie – weil dich nicht nur das Unterdrücken der Emotion viel Energie kostet, sondern du auch die Emotion als potentiellen „Energielieferanten“ nicht nutzt.

Durch Yoga-Asanas kannst du diese blockierten Körperstellen tief berühren. Und wenn du dabei den *Mut* aufbringst, zu fühlen, was da ist, dann schaffst du die besten Bedingungen, um diese Bereiche, die verdrängten Anteile in dir, wieder zum Leben zu erwecken.

Du setzt sie dem „Licht deiner Aufmerksamkeit“ aus – wirst auf der Körper-Geist-Ebene zu deinem eigenen Guru: zu einem, der *Licht* ins Dunkel bringt.

Vielleicht fühlst du bei einer Übung Wärme im Körper, es bizzelt, die Energie fließt. Vielleicht geht dieser Prozess auch mit dem Erscheinen einer lange unterdrückten Emotion einher, so dass du wieder in den natürlichen Fluss kommst.

Das ist ein innerer *Heilungsprozess*, der da stattfindet, bei dem du langsam aufwachst, vollständiger wirst – lebendiger.

DAS RÄTSEL DER ERKENNTNIS

Schülerin: Es gelingt mir mittlerweile schon etwas besser, meine Emotionen zuzulassen. Und du sagst, dass das Zulassen von Emotionen auch mit Erkenntnissen einhergehen kann. Aber was ist, wenn ich keine Erkenntnisse dabei habe? Wenn es mir nur ein *Rätsel* ist und Angst macht, was da kommt?

Daniel: Meinst du nicht, dass Rätsel und Angst eine *Funktion* haben?

Schülerin: Ja, aber ich verstehe es nicht.

Daniel: Wer in dir *will* es verstehen? Ist es nicht genug, dass du es fühlst – die Kraft davon fühlst? Es muss nicht das kommen, von dem du meinst, dass es kommen müsste. Es kommt, was kommt. Und wenn du etwas erkennen sollst, wirst du es erkennen. Aber schreibe dir nicht vor, *was* du zu erkennen hast oder dass irgendetwas auf eine bestimmte Art und Weise geklärt werden muss. Damit engst du dich nur ein. Vielleicht geht es gar nicht um das, was du *vermutest* – vielleicht geht es um ganz etwas anderes. Ein Teil von dir sehnt sich nach Erkenntnis ... doch wo suchst du? Warum nimmst du nicht das, was da ist?

Du stellst fest, dass du bis zu einem gewissen Grad im *Fluss* sein kannst mit deinen Emotionen. Doch dann bringt dich das Bedürfnis nach einem Verstehen im klassischen Sinn dazu, zu greifen, ins Denken zu fallen, und du verlierst dich wieder in deinem persönlichen Bewusstsein, wo du identifiziert bist mit deinem Affengeist.

Wenn du an wahrem Verstehen interessiert bist, würde ich dir empfehlen, da keine Aktivität hineinzulegen. *Das* kann schon eine wesentliche Erkenntnis sein!

Es irritiert dich, dass du die Bedeutung dieser Emotion nicht verstehst – dass du sie nicht einordnen, nicht greifen kannst. Möglicherweise ist das eine weitere Erkenntnis für dich: dass es offenbar Dinge gibt, die größer und stärker sind, als der Verstand es jemals sein kann. Und sie in dir *zuzulassen,* ist sehr kraftvoll. Es bringt dich in Bewegung – bringt dich ins „Lebendig sein."

In der Tat: Der Verstand kommt da nicht mit.
Und er soll auch gar nicht mitkommen. Weil du sonst
vielleicht nie in deine Kraft kommst.

LEBEN UND STERBEN

SCHÜLERIN: Ich spüre eine wahnsinnige Sehnsucht nach *Leben* in mir. Doch heute morgen nach dem Yoga bin ich in den Garten gegangen und habe mir den großen Baum angeschaut. Und plötzlich merkte ich: Das ist Sehnsucht nach Sterben! Das ist *dunkel,* das ist nicht hell. Das hat mich sehr erschreckt und beschäftigt mich die ganze Zeit.

DANIEL: Manchmal muss etwas sterben, damit etwas Neues geboren werden kann. Dieses Sterben muss kein *physischer* Tod sein.

Vielleicht kennst du diesen Spruch: Stirb heute, dann brauchst du keine Angst mehr vor dem Tod zu haben. Es ist sehr sinnvoll, dass du Themen wie Loslassen, Vergänglichkeit, Tod in dir arbeiten lässt, wenn sie dich berühren. Und du fühlst ja, welche Kraft das hat. Je nachdem, wie du dich jetzt *ausrichtest,* kann sie in eine destruktive, aber auch in eine sehr konstruktive Richtung fließen.

Mit dem Loslassen sind viele Ängste verbunden. Deshalb machen die meisten Menschen einen großen Bogen darum und tun so, als würde auch der physische Tod niemals eintreffen.

Doch wenn wir uns unseren Ängsten stellen, kann uns das
helfen, unser „Lebendig sein“ im Hier und Jetzt in der Tiefe zu erfahren.
Die Dunkelheit hilft uns, das Licht zu sehen.

Gäbe es keine Dunkelheit, würden wir das Licht nicht erkennen. Es gibt nur Leben, weil es auch den Tod gibt.

Yoga lässt uns die Dinge so sehen, wie sie tatsächlich sind. Und lässt uns vor allem das in uns erfahren, was *nicht* sterben kann, was nie geboren worden ist ... diesen unendlich weiten, stillen Raum, der unberührt bleibt von Leben und Tod – von all den Körper-Geist-Ereignissen.

Und das ist wahre Heilung. Das ist wahres Erwachen und tiefstes „Lebendig sein". Weil es nichts *ausschließt,* weder Tod noch Leben. Beides ist da und wird immer da sein. Es wird immer Freude geben und Leid – das ist das Leben, dieser Wechsel. Den werden wir als solches nicht abstellen können.

Schau dir die Leben spiritueller Meister an: Jeder hatte sein persönliches Schicksal. Jesus wurde gekreuzigt, und ebenso sind auch viele erleuchtete Sufi-Meister als Ketzer hingerichtet worden, weil sie die Wahrheit öffentlich kundtaten.

Auf einer bestimmten Ebene haben sie gelitten – und zugleich waren sie *befreit* vom Leid. Mir fällt in diesem Zusammenhang die Geschichte eines japanischen Yoga-Meisters ein. In früheren Jahren hatte er als Spion gearbeitet und war inhaftiert worden. Im Gefängnis begegnete er einem alten Mann, dessen *Präsenz* ihn magisch anzog – und der während der Zeit, die sie dort miteinander verbrachten, einer seiner wichtigsten Lehrer wurde.

Dieser Mann war zum Tode verurteilt, doch zeigte er keinerlei Angst vor dem Tod. Er war still, sprach nur, wenn er gefragt wurde, rezitierte und meditierte.

Auf die Frage, welcher Geist „das Problem des Todes" lösen könne, antwortete er: „*Usual mind* – ein Geist, der entsprechend der Situation und Umgebung bestimmte Gedanken hat." Es war für ihn ganz gewöhnlich, Angst, innere Unruhe, Unzufriedenheit und Ungeduld zu empfinden – er ruhte in dem tiefen Wissen, welches wir Menschen durch *Nichtanhaften* an unsere Emotionen kultivieren können und das uns innerlich frei sein lässt, egal in welcher Lebenslage wir uns befinden.

Nach einigen Wochen wurden die beiden schließlich aus dem Gefängnis befreit – von Schülern des alten Mannes, der, wie sich herausstellte, ein großer und sehr einflussreicher Meister war.

Wenn es uns ebenso gelingt, mit einem inneren *Lächeln* und Dankbarkeit das anzunehmen, was ist und dabei an nichts anzuhaften, nähern wir uns dieser inneren Balance, in der alle Gegensätze *aufgehoben* sind ... wo wir nicht mehr gefangen sind in der Dualität.

Du hast mit Sicherheit schon oft „Frei sein" erfahren – Momente, in denen es kein Werten, kein Definieren gibt. Wo absoluter Friede ist, reine *Präsenz*. Du kannst es zum Beispiel am Morgen direkt nach dem Aufwachen erleben. Und es hält so lange an, bis der erste *Ich*-Gedanke kommt, mit dem du dich identifizierst ... und schon bewegst du dich wieder im Hamsterrad deines persönlichen Bewusstseins.

Es ist wichtig, diesen *Wechsel* wahrzunehmen. Denn dadurch kann sich das Tor in die Freiheit öffnen – was nicht nur deinen Bezug zum Tod grundlegend verändern wird, sondern auch deinen Bezug zum Leben.

ALLES HAT MIT DIR ZU TUN

Schülerin: Du hast einmal gesagt, dass wir uns in Verbindung mit anderen selbst erkennen können. Zum Teil kann ich das nachvollziehen: Vieles, was ich in anderen spüre – sogenannte gute wie auch schlechte Seiten –, kenne ich auch von mir. Aber anderes, mit dem ich konfrontiert werde, kann ich *nicht* in mir fühlen, wie zum Beispiel starke Aggression, dieses „Verletzen wollen“ ... oder auch Krankheit.

Hat dann dieser Teil, den ich nicht in mir sehen kann, trotzdem etwas mit mir zu tun?

Daniel: Ja. Alles hat etwas mit dir zu tun – *alles!* Mit der Haltung durch das Leben zu gehen „Was ist meins, was ist von anderen?“, ist für die Verwirklichung nicht besonders förderlich. Dadurch trennst du dich lediglich von Menschen ab. Weil du dann davon ausgehst, dass du dich von deinem Gegenüber *unterscheidest*. So gibt es immer mindestens zwei – dein Gegenüber und dich. Und das ist nicht „Eins sein“.

Sobald du dich öffnest, fühlst du alles *Mögliche:* Vielleicht Aggression, Angst, Krankheit, aber auch Wärme, eine Anziehung – womöglich sogar alles in Verbindung mit einem einzigen Menschen.

Und allein schon
deshalb, weil du es fühlst, hat
es etwas mit dir zu tun.

Warum meinst du, es irgendwie in „Meins“ und „Deins“ einteilen zu müssen? Damit du dann alles von dir fernhalten kannst, was „Nicht du“ ist?

Aber wer *bist* du?

Im „Eins sein“ gibt es kein Mein oder Dein. Da ist alles, wie es ist. Dinge erscheinen, verweilen und verschwinden. Was spielt es dann für eine Rolle, was von wem ist? Du machst dich einfach auf und traust dich, zu fühlen. Alles, was da ist, *formt* etwas in dir ... und du lässt es zu.

Schülerin: Soweit es Emotionen betrifft, versuche ich dem, was du sagst, nah zu sein. Was ist aber, wenn jemand Krebs hat oder an einer anderen Krankheit leidet, an der er sterben wird? Was hat *das* dann mit mir zu tun?

Daniel: Das hat mit dir zu tun, weil du offenbar in *Verbindung* stehst mit einem Menschen, der diese Krankheit hat.

Wir alle stellen fest, dass es in dieser
Welt viel Krankheit, viel Leid gibt.
Wenn wir diese Tatsache an uns heranlassen,
kann sie uns tiefgreifend verändern.

Als der junge Prinz Siddhartha Gautama einmal seinen Palast verließ, traf er auf unterschiedliche Menschen, die seinem Leben eine neue *Richtung* gaben. Durch sie erkannte er das Altern, die Krankheit und den Tod als *Fakt* des menschlichen Lebens. Und auch die Begegnung mit einem Mann, der dem Weltlichen entsagte, um sich über das menschliche Leid zu erheben, war ein wesentlicher Schritt zu seiner Verwirklichung.

Unsere Übung ist es, uns von allem Leid zu befreien – doch diese Befreiung findet nicht statt, indem wir versuchen, Alter, Krankheit und Tod zu *verneinen.* Das geht nicht! Wir bekommen ja mit, dass es existiert. Es nützt nichts, die Augen vor dem Leben zu verschließen.

Unser Körper wird sterben, ob durch Krebs oder durch was auch immer. Und wenn du fragst, was das mit dir zu tun hat: Vielleicht hast du zu lernen, diese Tatsache zu *akzeptieren.* Weil dich ein „Nicht akzeptieren" noch viel mehr leiden lässt.

Indem du dich auch vom Leid berühren lässt, kannst du ein intensives Mitgefühl entwickeln und ein tiefes Verständnis fürs „Mensch sein". Und vielleicht wirst du dich dadurch, ähnlich wie Buddha, nach Erkenntnis sehnen und dem Wunsch folgen, die Vergänglichkeit zu *überwinden.*

Wäre Buddha nicht aus seiner heilen Welt herausgetreten, hätte er nicht kranke und alte Menschen gesehen, sterbende Menschen gesehen, dann hätte er vermutlich nie erkannt, was nicht sterben kann.

Du kannst anhand deiner Frage feststellen, wie *schwer* es wirklich ist, das zu akzeptieren, was da ist.

So viele Menschen gehen mit der Haltung durch die Welt: „Das hat mit mir nichts zu tun" oder „Das will ich so nicht, weil es weh tut".

Warum darf nicht alles da sein? Einfach, weil es so ist. Krankheit, Lachen, Leid, Freude, spielende und unbeschwerte Kinder ... du schaust auf die Welt und siehst das alles. Das muss sich Gott jeden Tag anschauen!

Kannst du die Dinge so zulassen, annehmen, fühlen, wie sie tatsächlich sind? Kannst du darauf vertrauen, dass sie in der Tiefe einen *Sinn* ergeben, weil sie sonst nicht da wären? Was genau der Sinn ist, wirst du vielleicht nie erkennen – auch wenn der gewöhnliche Geist das ständig versucht. Doch dieser Geist kann nichts erkennen, was mit *Wahrheit* zu tun hat.

Das, wovon ich spreche, hat viel mit Hingabe zu tun. Es *ist* absolute Hingabe. Da hat dieses „Wollen" und „Nicht wollen" überhaupt keinen Platz mehr. Manche Menschen meinen, dass dann nichts mehr passiert. Aber im Grunde passiert dann erst alles! Durch vollständiges Annehmen wirst du Teil eines Prozesses, in dem sich die Dinge formen – in dem *Energie* etwas formt. Ohne dass du selbst die ganze Zeit tust. Meiner Erfahrung nach bleibt uns letztendlich gar nichts anderes übrig. Aber vielleicht muss man es lange genug anders ausprobiert haben, bevor man sich „geschlagen gibt".

Jedes *„Sich beziehen"* auf „Gutes" oder „Schlechtes" hält uns in der Dualität gefangen. Wir halten an bestimmten Formen fest und erkennen nicht, was diese Formen in der Tiefe pulsiert. Das von uns als „gut" Gewertete wird von derselben

Kraft pulsiert wie das von uns als „schlecht“ Gewertete. Es ist dumm, zu glauben, dass es eine Trennung gibt. Weil der *Urgrund* derselbe ist.

Um diesen Urgrund zu erfahren, um eins zu werden mit dieser Kraft, die alles pulsiert, ist es notwendig, alles so anzunehmen, wie es ist, und nicht zu meinen, es müsste irgendwie anders sein. Nur eine solche *Geisteshaltung* trennt uns ab – weil wir dann die Welt einteilen in Unterschiedliches. Dann gibt es nicht „Eins sein“, sondern zwei, drei, vier ... Stücke. Aber ich sage dir: Lasse den Kuchen *ganz,* damit du satt wirst!

Alles, was dir begegnet, hilft dir, dich selbst zu finden. Du kannst dich in allem erkennen – in anderen *Menschen,* in einem Vogel, auch in einem Baum. Das klingt vielleicht etwas komisch, aber es ist so.

ENTWICKLUNG FINDET IMMER STATT

Schüler: Ich hatte mir eigentlich vorgenommen, im Rahmen dieses Retreats ein paar wichtige Dinge für mich zu klären beziehungsweise mit ihnen *abzuschließen.* Doch ich merke, dass mir das nicht gelingen will. Immer, wenn ich meine, eine Sache erkannt zu haben, kommt wieder etwas anderes, was dann in mir arbeitet und wieder alles verändert ... Das ist so wahnsinnig *anstrengend.* Was kann ich tun, um dieses ewige Hin und Her zu beenden und endlich in einen Frieden zu kommen?

DANIEL: Ich glaube nicht, dass du irgendetwas *abschließen* musst, um Frieden erfahren zu können. Dieser innere Prozess, den du beschreibst, der ist niemals abgeschlossen. Entwicklung findet *immer* statt – das Leben ist ein ständiger Veränderungsprozess, im Großen wie im Kleinen: Etwas erscheint, ist für eine Weile da, um dann wieder zu vergehen. Geburt, Leben und Tod ...

Du spürst es in dir, immer wieder: „Jetzt will etwas geboren werden!" Und während es sich in dir formt, fühlt es sich manchmal tatsächlich so an, als würdest du Wehen durchleben. Das kann sehr anstrengend sein und auch *weh* tun – die meisten Gebärenden finden es vermutlich während einer Wehe auch nicht unanstrengend, ein Kind zu bekommen.

Doch haben wir eine Wahl? Tief in uns *fühlen* wir ja, dass da etwas durch uns in die Welt kommen soll, warum und wofür auch immer. Und das einfach zuzulassen, dem Raum zu geben, fühlt sich ungemein lebendig an.

Viele – gerade auch, wenn sie beginnen zu meditieren – versuchen, diesen ständigen Wandlungsprozess zu unterbinden. Weil sie nicht wissen, dass wahrer Frieden alles, was da ist, mit *einschließt*. Sie hängen der Illusion an, wenn du erleuchtet bist, gibt es keinen inneren Prozess mehr. Doch der findet immer statt!

Das Leben ist Entwicklung, Veränderung, ob du dein „Okay" dazu gibst oder nicht. Und in einen Frieden kommst du nicht, indem du versuchst, deinen Entwicklungsprozess zu beenden. Ganz im Gegenteil: dich dem vollständig hinzugeben – auch all diesen „Wehen" –, das ist der Schlüssel zum Frieden.

Daher nimm ihn an, diesen ganzen Prozess – das ist das Leben! Was erhoffst du dir, wenn du dich davon abschneidest? Dass du nicht mehr leben musst?

Viele haben die Vorstellung, sobald man im wahren Frieden ist, hört das „normale" Leben auf – dann schwebst du auf irgendeiner Wolke, und alles ist nur noch heile Welt. Ja, das stimmt schon, es *gibt* diesen „himmlischen Frieden" – aber nur, wenn du annimmst, was ist. Das ist die Erlösung! Was nicht heißt, dass dann alle nur noch liebevoll mit dir sind, dass es keine Kriege mehr gibt, kein Leid ... dass du dann keine schmerzvolle Regung mehr vernimmst. Das ist zwar der *Wunsch* vieler Menschen. Aber das ist nicht, wie es ist. Daher fühle dich! Sonst wirst du kalt.

Der große Yogameister Krishnamacharya hat wochenlang geweint, nachdem seine Frau gestorben war. Wenn dann jemand meint: „Was? Trauern? Weinen? Bei diesem Erkenntnis-Stand?" Was für eine *seltsame* Vorstellung von Erleuchtung!

Ein erwachter Mensch ist doch keiner, dem alles „am Hinterteil vorbei geht", der über den Dingen schwebt. Sondern ein Mensch mit Wärme, mit einem großen, *fühlenden* Herzen, das alles annimmt, was da ist, diese ständige Veränderung ... das Leben selbst.

Akzeptiere das Unbeständige! Dann wird sich dir das *Beständige,* der wahre Frieden, offenbaren.

❦

SCHRITTE AUF DEM WEG

In meinen Augen ist das bereits der Weg: dass du aus deinem besten Wissen heraus handelst, dabei aber offen bleibst, *Neues* zu entdecken, weiter zu wachsen, nicht *stehen* zu bleiben.

DER ALTE PATANJALI

Schüler: Ich widme eigentlich mein ganzes Leben dem inneren Weg. Mein wahres Selbst zu verwirklichen, ist mir *wichtiger* als alles andere. Schon seit vielen Jahren praktiziere ich fast täglich intensive Asanas und Pranayamas, und ich mache dabei auch intensive Erfahrungen: Manchmal erlebe ich, wie die Kundalini-Energie stark in mir arbeitet, manchmal erfahre ich einen unendlich tiefen Frieden.

Doch in meinem Alltag sieht es leider anders aus – da herrscht das Chaos! Und das nimmt immer mehr zu. Je mehr ich praktiziere, desto mehr *Widerstände* tun sich auf, in meinem Körper und auch emotional. Oft fahre ich richtig aus der Haut, vor allem, wenn ich Menschen begegne, die mich auf meinem Weg aufhalten wollen.

Daniel: Es ist sehr sinnvoll, dass du deine spirituelle Praxis überprüfst. Wenn du jeden Tag fleißig deine Asanas und Pranayamas übst, ist das wunderbar – aber allein dadurch wirst du keine großen „Fortschritte“ auf deinem Weg machen.

Denn es ist auch absolut notwendig, dass du den Erkenntnissen aus deiner Yogapraxis entsprechend lebst. Sie müssen einen *Ausdruck* finden – nicht nur auf deiner Yogamatte, sondern auch in deinem Alltag. Weil du sonst Gefahr läufst, dass du am Leben vorbeipraktizierst. Und das kann auch dem Kundalini-Prozess entgegenwirken.

Bereits vor Tausenden von Jahren erkannten die Menschen, dass dieser innere Prozess *allumfassend* und mit allem im Einklang sein muss, wenn er gesund verlaufen und uns das wahre Selbst offenbaren soll. Patanjali, der „Urvater“ des Yoga, spricht in den Yoga Sutras von dem „Achtfachen Pfad“, bei dem *Yama* und *Niyama* zwei ganz wesentliche Aspekte darstellen.

Es geht dabei im Grunde um die Art und Weise, wie wir hier in der Welt sein sollten. Neben Dingen wie Gewaltlosigkeit, Wahrhaftigkeit, „Nicht stehlen“, Enthaltsamkeit, „Nicht horten“, Selbst-Studium, Hingabe an Gott und Zufriedenheit spielen auch inneres Feuer und *Reinheit* eine wichtige Rolle. Wenn dir also die Verwirklichung des wahren Selbst wirklich wichtig ist:

Überprüfe, wie du in der Welt bist – wie rein und wahrhaftig dein Handeln ist. Damit du der göttlichen Energie, die da in dir arbeitet, nicht mehr so sehr im Weg stehst.

Das heißt: Beziehe alles mit ein! Dazu braucht es Mut und vor allem das nötige Feuer – im Yoga wird das *Tapas* genannt. Die Sehnsucht nach Wahrheit muss wie ein starkes Feuer in dir brennen. Tut sie das nicht, ist es unmöglich, durch all die Widerstände hindurchzugehen, die so eine innere Reise mit sich bringt.

Mit deinen Asanas und Pranayamas heizt du immer weiter dieses Feuer an, welches das Potential hat, alles „Unreine“ in dir zu *verbrennen*.

Wenn du das jedoch nicht zulässt, indem du an deinen Vorstellungen, an äußeren Formen festhältst, dann hast du etwas Grundlegendes nicht verstanden.

Dann ist das so, als würdest du eine *Decke* über das Feuer werfen. Und das wirkt sich auch auf dein körperliches und geistiges Wohlbefinden aus.

Auch wenn in deinem täglichen Leben manchmal ein starker Wind weht, muss das Feuer nicht schwächer werden. Ganz im Gegenteil: Es wird sich weiter in dir ausbreiten, sobald du dich vollständig in die schwierige Lebenssituation hineinbegibst und dich darin übst, sie zu *meistern* – so wie eine anspruchsvolle Asana.

Doch wie praktizierst du in deinem täglichen Leben? Wie achtsam bist du? Aus was heraus handelst du? Haben deine Aktivitäten den *Geschmack* von Ehrlichkeit, von Reinheit? Wenn ja, wird dein Handeln sowohl dich als auch andere Menschen *nähren*. Und es ist tatsächlich so, dass jeder für sich in jedem Augenblick entscheidet, wem oder was in sich er folgt.

Wenn du bei einer Provokation zum Beispiel dein Ego schalten und walten lässt, wirst du entsprechend deiner Konditionierung reagieren: „Dieser Idiot! Das ist ja unerhört – das lasse ich mir nicht gefallen!" Es kommt vielleicht zu einem Streit und du überrollst dein Gegenüber wie eine *Dampfwalze* auf deinem „Weg zum Frieden".

Gibst du jedoch der Lehre eines Patanjali eine Chance, formt sich mit Sicherheit etwas anderes. Dann hältst du bei so einer Begegnung einfach kurz inne und nimmst vielleicht diese Provokation als Übung an. So erkennst du womöglich, um was es dem anderen wirklich geht. Du übst dich in Demut ...

Dein *Herz* wird diesem Verhalten zustimmen, in Resonanz sein. Dein Ego jedoch wird kämpfen und dir genug Argumente liefern, warum es besser ist, sich durchzusetzen – weil es sich ständig auf irgendwelche Emotionen und Gefühle bezieht.

Es mag sein, dass du nach so einem Austausch nicht „als Sieger aus dem Ring gehst“, dass du in den Augen deines Gegenübers sogar „der totale Loser“ bist. Für einen anderen dagegen bist du vielleicht gerade deshalb „ein Held“.

Was du *wirklich* bist, das kannst du in dem Moment spüren, wo du nicht aus deinem verletzten Stolz, aus dem Ego heraus handelst.

Meist sagt das Herz etwas anderes als das Ego. Doch als „Wahrheits-Suchender“ weißt du, welcher Stimme du folgen musst.

Übe dich in Achtsamkeit, damit du die Stimmen unterscheiden kannst, und dann handele. Auf diese Weise ist deine Praxis *allumfassend,* und du bist mit göttlichen Qualitäten im Leben.

DAS EGO AUF DEM WEG

Schülerin: Wo ist die Grenze zwischen „meinem Weg folgen“ und *Egoismus?* Ich habe in der letzten Zeit nämlich häufig das Gefühl, dass ich bei anderen Menschen mit meiner Art ganz schön anecke – und dennoch möchte ich irgendwie weitergehen und mich entwickeln.

DANIEL: Die Grenze? Im Grunde ist *alles* dein Weg – völlig egal, was du tust. Es gibt keine Trennung. Manche Menschen meinen, sie könnten da so rein- und rausspazieren. Wenn es ihnen zu intensiv wird, hören sie auf zu meditieren: „Ahh, ich glaub, ich mach mal lieber eine kleine Pause!“ *(amüsiert)* Aber die Pause gehört doch genauso zum inneren Weg! Also, was soll das? Alles gehört dazu.

Aber um es noch mehr auf dich zu beziehen: Es kann schon sein, dass Menschen in deinem Umfeld dir vorwerfen, dass du egoistisch bist – weil du dich zum Beispiel mehr *zurückziehst*. „Hey, was ist los? Du warst doch immer für uns da. Du musst dich doch um uns kümmern, das erwarten wir von dir. Und jetzt nimmst du dich plötzlich raus ...“

Ist das egoistisch oder ist es einfach ein ehrlicher Ausdruck davon, was du tief in dir fühlst? Vielleicht hörst du einfach auf, es ständig anderen *recht* machen zu wollen. Bist du deshalb egoistisch oder können diese Leute bloß nicht mehr das mit dir leben, was sie mit dir leben wollen? Und so versuchen sie, dich in diesem System, in dieser *Konstellation* festzuhalten, weil dadurch ihr Leben vermeintlich leichter ist, oder angenehmer.

Es ist mit Sicherheit sinnvoll, da genau hinzuschauen. Sonst bekommst du nicht mit, wie andere Menschen dich womöglich beeinflussen – besonders, wenn sie mit dir in einer engen Verbindung stehen. Und wie sie vielleicht auch deine Entfaltung unterbinden wollen. Weniger, weil sie es dir nicht „gönnen“, dass du dich entwickelst. Sondern weil sie sich dann selbst entwickeln müssten.

Vor allem aber solltest du auf *eines* achten ...

Wie fühlt sich das, was du tust, für dich an?
Fühlt es sich kraftvoll an? Ist da etwas tief in dir, was sagt:
„Das ist jetzt richtig, ich muss das einfach tun"?

Wenn du dein Leben betrachtest, gab es das wahrscheinlich ganz häufig: dass etwas in dir so kraftvoll war, dass du einfach danach gehandelt hast – ohne nachzudenken. Einfach, weil es sich in dem Moment *stimmig* anfühlte. Weil es ein Handeln aus deinem tiefsten Inneren war. Wenn du dagegen erst stundenlang hin und her überlegst, was du machen sollst – „Also, jetzt ziehe ich mich mal zurück. Die anderen denken ja auch immer nur an sich, also schau ich jetzt halt auch, wo ich bleibe" –, dann ist das Egoismus. Kasperl-Theater! Lasse deinen Geist klar und ruhig werden. Dann erkennst du, was die Quelle deiner Handlungen ist, und dass du die ganze Zeit fühlen kannst, was *wahrhaftig* ist und was nicht.

Und solltest du irgendwann einmal kein *Mitgefühl,* keine Liebe mehr empfinden und kalt werden – dann weißt du, dass du nicht dem richtigen Weg folgst.

ÜBER HÖFLICHKEIT

Schülerin: Ich habe oft das Gefühl, wenn ich ganz ehrlich sagen würde, was ich denke, wäre das nicht besonders *höflich.* Andererseits frage ich mich, ob ich vielleicht einfach zu höflich bin, um *ehrlich* zu sein?

DANIEL: Eine enge Schülerin hat mir einmal eine schöne Geschichte dazu erzählt. Nachdem sie angefangen hatte, zu meditieren, erkannte sie in vielen Situationen, wie verstrickt sie war in ihre Vorstellungen von „Höflichkeit“ und „gutem Benehmen“.

Indem sie sich darin übte, einfach mal *still* zu bleiben und nicht gleich auf alles zu reagieren, lernte sie von ihrer kleinen Tochter, wie natürlich wir miteinander umgehen können ...

Meine Schülerin beschrieb mir, wie ihre siebenjährige Tochter am Tag nach ihrer Geburtstagsparty eine ihrer Freundinnen zu Besuch hatte ...

„Die beiden saßen selig in dem Berg von neuen Spielsachen und bauten ein kleines Puppenhaus auf. Ich war nebenan in der Küche beschäftigt. Irgendwann hörte ich, wie die Freundin meine Tochter beiläufig fragte: „Wie hat dir eigentlich mein Geschenk gefallen?“ Ohne jedes Zögern und ebenso beiläufig kam die Antwort: „Och, geht so.“ Ich zuckte zusammen. „Gott, wie *unhöflich!“*, dachte ich. „Das war doch ein tadelloses Geschenk, noch dazu für jemanden, der so gerne malt – eine große Packung Glitzerfilzstifte. Wie kann man seine Freundin nur so vor den Kopf stoßen!“ Doch im selben Moment hörte ich diese fröhlich antworten: „Meine Mama hat gesagt, ich soll sie dir schenken, weil ich eh nicht mehr damit male. Ich finde sie nämlich *auch* nicht so besonders.“ „Ups!? Na also, das ist ja ein nettes Geschenk!“, schoss es mir in den Kopf, doch meine Tochter nahm, während sie ein kleines Püppchen ins Bett brachte, diese Information mit einem gelassenen „Hhmm“ zur

Kenntnis. Woraufhin ihre Freundin so richtig in *Fahrt* kam: „Der goldene Stift hatte keine Kappe mehr, da hat nämlich unser Hund drauf rumgekaut, und deshalb musste ich die Kappe von meiner Schwester nehmen, weil meine Mama gesagt hat, sonst kann ich die nicht verschenken, weil dann *sieht* man ja, dass die schon alt sind." „Gott, wie peinlich! Halt doch bitte endlich den Mund", flehte ich in Gedanken den kleinen Gast an, doch da hörte ich meine Tochter *belustigt* kichern. „Hi hi, das sieht man aber doch trotzdem, die Stifte sind ja durchsichtig", rief sie höchst amüsiert. „Ich hab mich eh gewundert, warum ein paar Farben nicht ganz voll sind. Sollen wir jetzt das Puzzle machen?"

Damit war das Thema *erledigt*. Und meine Schülerin, die „wohlerzogene und wohlerziehende" Mutter, die ein paar Mal sehr versucht gewesen war, „pädagogisch wertvoll" einzuschreiten – hier zu ermahnen, da zu beschwichtigen und am liebsten so schnell wie möglich das Thema zu wechseln – die war froh, die beiden Kinder einfach *gelassen* zu haben. Weil all diese verkrampfte Höflichkeit oft nur eines bewirkt: Sie schafft Probleme, wo keine sind.

Über Ehrlichkeit

Schüler: Mir ist es schon ein Anliegen, ehrlich zu sein, aber ich möchte auch mit meinen Mitmenschen in Harmonie zusammenleben und keinem zu *nahe* treten. Wie schaffe ich es, ehrlich zu sein, ohne andere dabei zu *verletzen?*

DANIEL: Ehrlichkeit *kann* verletzen, definitiv. Weil nicht jeder mit Ehrlichkeit umgehen kann. Manche Menschen sind nicht bereit, ehrlich zu sein beziehungsweise ehrlich hinzuschauen – weil sie vielleicht nicht in ihre *Verantwortung* kommen wollen oder warum auch immer ... und so jemand wird vermutlich Schwierigkeiten haben mit deiner Ehrlichkeit.

Doch ich glaube nicht, dass es sinnvoll ist, dir zu viele Gedanken darüber zu machen. Und ich bezweifle, ob Ehrlichkeit überhaupt möglich ist, wenn du dir immer erst überlegst, wie du etwas sagen könntest, ohne den anderen dabei zu verletzen.

Schau lieber darauf, warum dich das so *beschäftigt.* Willst du es anderen immer recht machen, hast du Angst vor einem Konflikt? Sehnst du dich so sehr nach dieser Pseudo-Harmonie, dass du dafür auf einen ehrlichen Ausdruck verzichten würdest?

Damit meine ich nicht, dass du deinen Mitmenschen *schonungslos* alles ins Gesicht schleudern solltest, was du vielleicht über Jahre hinweg in dir aufgestaut hast. „Ehrlich sein" heißt nicht, respektlos zu sein, maßlos Grenzen zu überschreiten und einen Menschen mit Absicht zu verletzen. Sondern in *Kontakt* mit ihm zu sein, ihn zu spüren und aus dem heraus, was sich dabei in dir ereignet, zu sprechen.

Bestimmt wirst du durch ein authentisches, ehrliches Leben hin und wieder auch Menschen verletzen. Doch wie kannst du jemals frei sein, wenn du ständig Angst davor hast, jemanden zu enttäuschen oder zu verärgern?

Wenn du wirklich in *Verbindung* mit einem Menschen bist, bekommst du ja mit, welcher Ausdruck adäquat ist und welcher nicht. Du bist einfach so ehrlich, wie es dir in dem Augenblick möglich ist. Und je ehrlicher du wirst, desto wahrhaftiger wird dein Leben. Das, was aus einer Aufrichtigkeit heraus kommuniziert wird, wird wieder zu dir zurückkommen. Du gibst Ehrlichkeit, es kommt Ehrlichkeit.

Es ist tatsächlich so, dass du dadurch dich *selbst* im Leben wieder findest. So als würdest du in einen Spiegel blicken und deine wahre Schönheit erkennen ...

SCHENKE DICH UND DEIN GLÜCK

Schüler: Manchmal fühle ich ein solches Glück in mir ... doch ich traue mich nicht, es voll und ganz zum Ausdruck zu bringen. Ich möchte meinen Mitmenschen nicht weh tun – gerade wenn ich meine, dass es ihnen momentan *nicht* so gut geht.

Daniel: Da muss ich daran denken, was eine Freundin von mir erlebt hat: Kurz nach der Geburt ihres ersten Kindes war sie bei ihrem Zahnarzt, mit dem sie gut befreundet ist. Natürlich interessierte er sich brennend dafür, wie es ihr denn geht als Mutter. Meine Freundin wusste, dass der Zahnarzt und seine Frau seit langem *vergeblich* auf ein Baby hofften. Warum ihm mit der Schilderung ihres Mutterglücks das Herz schwer machen? Taktvoll, wie sie ist, erzählte sie also *ausführlich* von den Schmerzen ihrer schweren Geburt, den schlaflosen Nächten und was für eine Herausforderung so ein Baby auch für eine Partnerschaft bedeutet. Als sie fertig war, sagte der Zahnarzt: „Stell dir vor, bei uns hat es nun endlich auch geklappt – meine Frau ist *schwanger!*" Danach war ihr die Situation ziemlich unangenehm.

Sie machte sich Vorwürfe, dass sie ihrem Freund womöglich die Vorfreude auf sein Kind getrübt haben könnte. Und sie wollte ja auch keinesfalls den Eindruck erwecken, *unglücklich* zu sein mit der neuen Situation als frischgebackene Mutter. Belaste dich also nicht allzu sehr mit solchen Überlegungen ...

Auch wenn du es noch so gut
meinst – weißt du denn wirklich, was für den
anderen „gut" ist und was nicht?

Nimm dein Gegenüber wahr und teile das, was in dem Augenblick in dir ist. *Schenke* dich und dein Glück! Dann musst du später nichts bedauern und nichts richtig stellen.

ALLES NICHT GANZ LEICHT

SCHÜLER: Wenn du von wahrhaftigen Begegnungen sprichst, in denen es viele Möglichkeiten gibt, wo jeder sich zum Ausdruck bringt und so achtsam ist, dass auch beim anderen etwas *gewahrt* wird ... also, das ist ja alles nicht ganz leicht. Denn wir leben ja überwiegend mit Menschen, die ganz anders sind.

Deshalb kann ich das auch ganz gut verstehen, was viele sagen: Diese ganze Yogawelt ist eine *Flucht.* Denn du kannst dich ja nicht nur mit Menschen umgeben, die so denken und so fühlen – auch wenn es immer mehr werden.

Daniel: Das ist ja schon was.

Schüler: Ja, okay, das ist schon was, aber ...

Daniel: Was ist *deine* Lösung?

Schüler: Ich weiß es nicht.

Daniel: Okay. Ich sage nicht, dass die Lösung ist, nur noch mit Menschen zu leben, die Yoga machen und genauso denken und fühlen wie du. Ich sage: Du kannst ausprobieren, was sich in deinem Leben *entfaltet,* wenn du praktizierst.

Und du wirst merken, dass sich dann einiges auflöst. Weil du mit deiner Partnerin, deiner Familie, mit jedem Menschen, dem du begegnest, anders sein wirst – ganz sicher. Und wenn du anders bist, können auch die *anderen* anders sein.

Ich verstehe schon, was du sagst. Und ich glaube, die meisten verstehen ganz gut, wo die *Schwierigkeiten* liegen. Aber halte dich da nicht auf: „Wenn die anderen so wären, dann könnte ich ..." oder „Weil sie *nicht* so sind, kann ich nicht ..."

Viel sinnvoller ist es, den Blick nach innen zu lenken und mutig dem zu folgen, was du in der Tiefe fühlst.

Verändere erst mal
dich selbst, und dann schau,
was passiert.

Wenn du einen offenen und ruhigen Geist entwickelst, haben auch die Menschen in deiner Umgebung die Chance, sich von ihren Begrenzungen zu befreien.

Nicht, weil du versuchst, ihnen *vorzuschreiben,* wie sie zu sein haben ... wie du sie haben willst. Sondern weil sie in Verbindung mit dir ein bestimmtes Muster nicht mehr leben können, zum Beispiel. Vielleicht auch, weil deine Freiheit, deine Art zu sein sie so anzieht und *inspiriert,* dass sie sich ebenfalls auf den Weg machen. Und schon hast du mehr „Yogis" um dich.

Dennoch ist es hilfreich, in Verbindung mit einem Lehrer und einer Gruppe zu praktizieren, damit du eine *stabile* Achtsamkeit entwickelst. Weil dich diese unterschiedlichen, teilweise stark verworrenen Konstellationen in der Familie zum Beispiel sonst leicht mitreißen können.

Solange ein ruhiger Geist in dir noch nicht stabil ist, kann es sein, dass du durch die *Begegnung* mit vielen geschäftigen Geistern in deinem täglichen Leben selbst schnell wieder in einen geschäftigen Geist hineinfällst. Wo es kein „Frei sein" gibt. Zumindest nicht das „Frei sein“, von dem ich spreche. Wenn du diese Ruhe in dir kultivierst, bist du nicht mehr *beeindruckt* von den persönlichen Wirklichkeiten der einzelnen Menschen.

Es gibt diese Übung, dass du in jedem Menschen Buddha sehen sollst. Und es ist tatsächlich so, dass du aus der Stille heraus Buddha in allem und *jedem* sehen kannst. Das heißt, jeder Kontakt kann dir helfen, Buddha, das wahre Selbst zu erkennen. Das ist nicht auf so genannte Yogis beschränkt.

Doch wenn du in Kontakt mit einem Lehrer und anderen Praktizierenden bist, sind das sicherlich sehr gute *Voraussetzungen,* wahrhaftige Begegnungen kennen zu lernen und deine Buddha-Natur zu erfahren.

In jedem Menschen Buddha sehen

Schüler: Wenn ich in jedem Menschen Buddha sehen kann – heißt das, dann lösen sich sämtliche Konflikte in *Wohlgefallen* auf und meine Beziehungen sind nur noch liebevoll und harmonisch?

Daniel: Dann ist alles Friede, Freude, Eierkuchen! *(lacht)* Ja, möglicherweise. Wenn du dich auf deinen und auf den *Wesenskern* deines Gegenübers beziehst, ist das zumindest die beste Voraussetzung für ein harmonisches, liebevolles Miteinander.

Das bedeutet jedoch nicht, dass du deshalb dein *Unterscheidungsvermögen* verlierst und einen rosaroten Schleier über alles legst, was dir begegnet. Auch wenn wir in der Tiefe alle „Buddha und in Liebe verbunden" sind – nicht jeder entscheidet sich dafür, sich darauf auszurichten und diese Verbindung zu leben.

Mit derselben *Klarheit,* die dich Buddha in einem anderen Menschen erkennen lässt, siehst du auch, was an ihm „nicht Buddha" ist. Was dieser Mensch, weil er vielleicht stark mit seinen persönlichen Interessen identifiziert ist, in den Raum zwischen euch stellt. Vielleicht ist es sogar notwendig, dich vor diesem Teil zu *schützen.* Damit meine ich nicht, dass du dein Herz verschließt und diesen Menschen komplett ablehnst. Du weist einfach ganz klar ein bestimmtes *Verhalten* von ihm zurück – das letztendlich einer wahrhaftigen Begegnung im Weg steht.

Auf welche Art und Weise das passiert, kann sehr unterschiedlich sein. Dein Handeln formt sich aus dem, was du in diesem Augenblick gerade fühlst. Es kommt zu einem authentischen Ausdruck, der den anderen unmittelbar erreicht – und der nicht unbedingt deiner *Vorstellung* von „liebevollem Umgang" und Harmonie entsprechen muss. Oberflächlich betrachtet, mag ein Erwachter manchmal handeln wie ein ganz gewöhnlicher Mensch. Doch die Quelle seiner Handlungen ist eine andere.

Um aus deiner Buddha-Natur heraus zu leben, musst du sehr wach und klar sein. Und die beste Voraussetzung dafür ist, dass dein Geist ruhig ist. Daher beginne bei dir selbst – und *praktiziere* ...

OFFENHEIT LEBEN

Schülerin: Ich habe das Gefühl, dass ich mich durch meine Yogapraxis immer mehr öffne, aber auch viel *verletzlicher* werde. In meinem Berufsalltag bin ich mit Menschen zusammen, die nicht unbedingt achtsam sind. Ich muss da die ganze Zeit aufpassen und mich gegen ihre Intrigen und Ungerechtigkeiten wehren.

Ich würde gern offen bleiben, doch manchmal merke ich, dass ich einfach die Jalousien innerlich wieder runterziehe und einfach *dicht* mache – und dann aber jedem gegenüber. Gibt es eine Möglichkeit, offen zu sein, ohne dauernd verletzt zu werden?

Daniel: Es ist sehr sinnvoll, dass du durch *Achtsamkeitspraxis* lernst, wie du auch in deinem Alltag dieses „Geöffnet sein" leben kannst.

Gerade, wenn du beginnst, dich so nach und nach zu öffnen und dich dabei auch verletzlicher fühlst, solltest du gut auf dich *aufpassen* – so wie du auf ein kleines Baby aufpassen würdest.

Damit meine ich nicht, dass du dieses sensible Wesen in dir die ganze Zeit gegen alles und jeden verteidigen musst. Sondern dass du es einfach achtsam behandelst und schützt. Ständiges Verteidigen und Kämpfen wird dich wieder verschließen. Das Schützen hingegen ist eine ganz *natürliche* und gesunde Haltung, die dich offen bleiben lässt. Es gibt Situationen, wo es sehr wichtig ist, sich zu schützen – zum

Beispiel, wenn es, wie du sagst, in deiner Umgebung *unachtsame* Menschen gibt, die dir nicht aus einer liebevollen Absicht heraus begegnen, sondern dich teilweise sogar gezielt verletzen wollen.

Solche Menschen schlagen um sich und wissen gar nicht, dass sie eigentlich gegen sich *selbst* kämpfen. Dann kommt es zu einem Angriff, der verbaler, aber auch anderer Art sein kann. Und es wäre sehr ärgerlich, wenn er dich trifft.

Ich habe früher viel *Kampfkunst* praktiziert und auch unterrichtet. Ein guter Kampfkünstler fühlt sein Gegenüber. Aus seiner inneren Ruhe heraus erkennt er dessen Absicht und weiß, wenn dieser auch nur daran *denkt,* zu schlagen. Das heißt, du gehst in einer Begegnung von dem aus, was da ist – was du tief in dir fühlst in jedem Augenblick. Weil es das einzige ist, dem du vertrauen kannst.

Du erkennst, wann sich etwas verändert, du bist achtsam, du bist wach. Nicht weil du *Angst* vor irgendwelchen Angriffen hast, sondern um einfach mitzubekommen, was in dieser Verbindung stattfindet, was der Kontakt mit diesem Menschen mit dir macht. Auf diese Art wirst du fühlen, ob eine komplett offene Begegnung *möglich* ist oder nicht. Vertraue deinem Gespür und folge dem, was da in dir ist.

Wenn du merkst, in diesem Augenblick
ist Offenheit möglich, dann folge dem, gib dich dem hin.
Ist „Vorsicht" da, dann sei „vor-sichtig" ...

„Offenheit leben" bedeutet nicht, dass du alles von jedem hinnehmen musst. Du solltest schon beschützen, was sich da in dir entwickelt.

Ich verwende oft das Bild von einem *Garten,* in dem so nach und nach die Samen aufgehen und zu kostbaren Pflanzen heranwachsen. Du hegst und pflegst diesen inneren Garten, und irgendwann mal, wenn es soweit ist, öffnest du ihn auch für andere.

Und dann kann es schon sein, dass jemand in deinen Garten kommt und auf den jungen Blumen *herumtrampelt.* Und du machst ihn darauf aufmerksam: „Hey, schau, du bist gerade auf eine Blume getreten. Es ist okay, das kann mal passieren." Steigt aber derjenige wieder und wieder drauf, dann wirfst du ihn irgendwann raus: „Jetzt ist es genug. Verlasse meinen Garten!"

Du kannst die Tür ja jederzeit wieder aufmachen, wenn du das Gefühl hast, er ist nun achtsam genug. Aber solange lässt du ihn draußen und teilst deinen Garten lieber mit Menschen, die *nährend* für deine Pflanzen sind.

In meinen Augen ist es notwendig, dass du dich ganz klar positionierst – das, was du in der Tiefe fühlst, zum Ausdruck bringst, es in der direkten Begegnung kommunizierst.

Was dadurch passiert, ist, dass du mehr in deine Verantwortung kommst, mehr bei dir bist und bleibst ... und das geschehen kann, was geschehen soll. Der Umgang mit deiner Offenheit wird *natürlicher,* je häufiger du so praktizierst.

Geöffnet zu bleiben im Umgang mit anderen Menschen ist eine Kunst. Sie muss sich durch Erfahrung entwickeln und kann nicht mit dem Kopf verstanden werden. Ich bin überzeugt davon, dass dein Berufsleben ein perfektes *Übungsfeld* dafür darstellt. Eine schwierige Asana, aber hervorragend, um zu *wachsen.* An schwierigen Asanas wächst man am schnellsten und intensivsten – warum solltest du deine momentane Situation nicht für dein inneres Wachstum nutzen?

NICHT ABSOLUT

Schülerin: Wie kann ich an zwischenmenschlichen Konflikten wachsen, zum Beispiel an den Problemen in meiner Partnerschaft?

Daniel: Wenn du ein Problem mit deinem Partner hast, kannst du – was viele tun – die Sache ausschließlich von *deinem* Standpunkt aus sehen und nichts anderes gelten lassen.

Dann bleibst du in deiner Welt. Du hast aber auch die Möglichkeit, die Sache mit den Augen deines Partners zu sehen – so wirst du einen *weiteren* Standpunkt kennen lernen.

Als nächstes fragst du deine beste Freundin, deinen Vater und deine Mutter, was sie dazu meinen, dann fährst du nach Arabien, redest da mit ein paar Menschen, und auf dem Weg zurück holst du dir noch die Meinung von einigen Singles ein.

Falls du mathematisch begabt bist, *potenziere* dann all diese Sichtweisen bis ins Unendliche ...

So siehst du dir dein Problem aus allen möglichen Perspektiven an und merkst, dass deine anfängliche Sicht nicht absolut war – dass Bewusstsein grenzenlos ist.

Und diese Erkenntnis lässt dich wachsen. Ins Unendliche hinein ...

WACHSE ÜBER DICH HINAUS

Schülerin: Ich bemühe mich sehr, achtsam zu sein in Verbindung mit anderen Menschen. Trotzdem erlebe ich es immer wieder, dass ich mich bei einer Begegnung als ganz klar und wahrhaftig empfinde und sich auch danach noch alles stimmig anfühlt ... doch dann passiert irgendetwas – ich bekomme eine Information über diesen Menschen oder sehe, wie unsere Beziehung sich entwickelt – und plötzlich fällt es mir wie Schuppen von den Augen, dass ich doch ganz schön *blind* war in dieser Situation.

Erst dann wird mir auch bewusst, was mein *Anteil* daran ist, dass es so gekommen ist, wozu ich diesen Menschen „eingeladen" habe durch mein Verhalten. Ein feineres Spüren hätte mich sicher anders handeln lassen.

Kannst du mir eine Übung oder einen anderen Umgang zeigen, um solche Dinge *früher,* schon in der Situation selbst zu erkennen?

Daniel: Ich glaube, dass wir alle nach dem besten Wissen und Gewissen, das wir zu dem jeweiligen *Zeitpunkt* haben, handeln ... oder handeln sollten. Und es ist mit Sicherheit so, dass wir uns ständig weiterentwickeln und dass wir – gerade wenn wir praktizieren, uns in Achtsamkeit üben – immer mehr wahrnehmen werden.

Ein wichtiger Aspekt von dem, was du erzählst, ist: Du *reflektierst* dich und erkennst, dass eine Entwicklung stattfindet. In der nächsten Situation kannst du mit deinem neuen Verständnis vielleicht anders in Aktion treten.

In meinen Augen ist das bereits der Weg:
dass du aus deinem besten Wissen
heraus handelst, dabei aber
offen bleibst, Neues zu entdecken, weiter zu
wachsen, nicht stehen zu bleiben.

Ich bin überzeugt, dass sich vieles auf diese Weise zeigt. Du bekommst eine Information, die deinen *Blickwinkel* verändert, und du wächst in deinem Bewusstsein. Dir wird klar, dass deine frühere Sichtweise sehr begrenzt war.

So wächst du immer mehr über dich hinaus. Nach und nach erkennst du die gesamte Situation, so als würdest du darüber schweben. Und je höher du schwebst, desto mehr wird sichtbar. Weil du einen anderen *Abstand* hast, einen größeren Überblick. Das ist, was auch bei der Meditation geschieht: Je „höhere Ebenen" du betrittst, desto mehr zeigt sich dir.

Das ist unsere Praxis – im Grunde ein sehr natürlicher Prozess. Unser persönliches Bewusstsein dehnt sich aus, bis ins *Unendliche* hinein ... dahin, wo es keine Grenzen mehr gibt. Und je mehr es uns gelingt, aus dem heraus zu handeln, desto *stimmiger* fühlt es sich in der Tiefe an.

Wenn du also sagst, die Begegnung hat sich für dich stimmig angefühlt: Was willst du mehr? Und ob es in dem Augenblick eine andere oder „bessere" Lösung gegeben hätte – keine Ahnung.

Ich bin auch sehr zurückhaltend darin, das, was man sagt oder tut, in irgendeiner Form am *Ergebnis* zu messen. Wir kennen nicht alle Gesetzmäßigkeiten, für was etwas gut ist oder nicht, und ich glaube, es steht uns auch nur bedingt zu, das zu beurteilen. Was heute „gut" ist, kann morgen schon „schlecht" sein. Schon im nächsten Augenblick kann es schlecht sein. Insofern – was *wissen* wir, was gut oder schlecht ist?

Du hast adäquat zu deinem damaligen Wissensstand gehandelt. Weil du jetzt mehr weißt, würdest du jetzt anders handeln. Damals wusstest du es aber nicht. Von daher solltest du nicht am *Damaligen* kleben und dich nicht allzu sehr anklagen.

Sei einfach wach und bereit dafür, vom Leben zu lernen ... und halte immer wieder inne, bevor du in Aktion trittst. Gerade auch in Verbindung mit anderen Menschen.

Wenn du in einer Begegnung zu sehr mit dem *beschäftigt* bist, was du teilen willst, kannst du den anderen Menschen nicht wirklich spüren. Er wird dann schon irgendwie Teil davon, aber es hat mit ihm in der Tiefe nur bedingt zu tun.

Doch wenn du deinen Geist weit werden lässt, entsteht *Platz* für ihn. Erst dann nimmst du ihn wirklich wahr ... und fühlst, was du in dem Moment teilen kannst, sollst oder *musst*.

Ich spreche häufig von dieser Haltung, in der wir Menschen „zu uns kommen" lassen. Das heißt: Wir geben etwas hinein in die Begegnung, und dann kommt ja etwas zurück. Und wir fühlen, was zurückkommt. Das kann nur ein Blick sein, eine kleine Bewegung oder ein Gedanke, den uns der andere schenkt ... wir bekommen es einfach mit.

Manchmal *wollen* wir vielleicht auch bestimmte Dinge nicht sehen. Aber dennoch sind sie ja da und formen das, was passiert. Deshalb sollten und dürfen wir da nicht wegschauen.

Jedes Sehen oder auch „Nicht sehen", jedes Handeln oder auch „Nicht handeln" fällt auf uns zurück – wofür wir dann auch Verantwortung tragen.

Schülerin: Genau das belastet mich daran!

Daniel: Deshalb ist es sehr wichtig, *klar* zu sein. Nur so erkennst du auch, warum dir das widerfährt, was du zu lernen hast. Vor was für eine *Aufgabe* dich das Leben stellt, damit du wachsen kannst – um nicht mehr Leid zu erzeugen für dich und für andere. Aber im selben Augenblick, wo du das für dich erkennst, ist die Gefahr im

Grunde schon gebannt. Dann gibt es auch keine „Schuld“ mehr. Dann ist es so, als würdest du wieder bei Null anfangen.

Und das ist, was wir üben mit
unserer Praxis: immer wieder zum Nullpunkt
zurückzukehren. Und dann
aus dem Nullpunkt heraus zu handeln.

RICHTIG ODER FALSCH

Schüler: Ich beschäftige mich schon lange mit der Suche nach Wahrhaftigkeit und habe schon viele Seminare und Vorträge dazu besucht. Doch nun sitze ich hier und bin etwas *verwirrt*. Du sprichst über so unterschiedliche Themen – zum einen über „Grenzen setzen“ und „Sich wehren“, zum anderen aber auch über „Annehmen“, „Nichts tun“ und „Demütig sein“.

Du machst so viele Gegensätze auf! Das verunsichert mich sehr, und ich frage mich immer mehr, was denn nun *richtig* und was *falsch* ist.

Daniel: Ja, wer oder was sagt dir, was „richtig und falsch“ ist? Du hast bis jetzt in irgendwelchen *Konzepten* nach Antworten gesucht, hast Menschen aufgesucht in der Hoffnung, dass sie dir die *Verantwortung* für deine Entscheidungen abnehmen – *sie* sollten dir sagen, wie du dich verhalten musst. Doch jetzt bist du hier und stellst fest, dass ich dich verwirre ... ja, wunderbar!

Vielleicht naht bald deine Rettung ... weil du
erkennst, dass du auf der Ebene, auf der
du bislang gesucht hast, einfach nicht fündig wirst
und tief nach innen blicken musst.

Damit meine ich nicht, dass du nun all deine Gedanken, Emotionen und Gefühle bis ins Detail *analysieren* sollst – denn auch das wird dir deine Frage nicht beantworten. Auch auf diese inneren Erscheinungen kannst du dich nicht verlassen. Weil sie sich ständig verändern ...

Letzten Endes bleibt dir nichts anderes übrig, als noch *tiefer* zu tauchen, um die Quelle all dieser Erscheinungen zu entdecken.

Was ist die Quelle
sämtlicher Erscheinungen?

Komm, lass uns einfach still sitzen ...

ZURÜCK ZUR QUELLE

SCHÜLERIN: In letzter Zeit gelingt es mir immer öfter, meine Gedanken kommen und gehen zu lassen – sie wie einen Film an mir vorbeiziehen zu lassen, ohne darin „mitzuspielen". Aber ich erfahre das auch als etwas *Verbotenes*. Denn immer wieder habe ich dabei das Feedback bekommen, überheblich zu sein.

Ist es überheblich? Wie weit ist es eine Flucht vor allem anderen, wenn ich mich nur nach innerem Frieden, nach Freiheit, nach dem wahren Selbst ausrichte?

DANIEL: Warum *beziehst* du dich auf ein Feedback?

SCHÜLERIN: Weil es so wehgetan hat.

DANIEL: Als überheblich zu gelten?

SCHÜLERIN: Ja ... weil ich mich in diesem Moment alles andere als überheblich *gefühlt* habe.

DANIEL: Warum nimmst du es dann an?

SCHÜLERIN: Vielleicht gerade, weil es so überraschend kam. Es war eine Situation mit meiner Mutter, in der ich einfach *bemüht* war, in diesem Frieden zu sein und auf ihre Provokationen nicht zu reagieren. Aber offenbar zeige ich ihr in so einem Moment, dass ich nicht für sie *zugänglich* bin. Ich möchte es aber sein. Und ich fühle mich auch nicht so, als wäre ich es nicht.

Daniel: Ist das dann *dein* Problem oder das Problem deiner Mutter?

Schülerin: Es war mein Problem in dem Moment – weil mir da die Liebe entzogen wurde.

Daniel: In dem Moment hast du also einen *Mangel* in dir gefühlt. Eine unerfüllte Sehnsucht nach Liebe?

Schülerin: Ja.

Daniel: Was ist das für eine Liebe, die du dir *verdienen* musst, indem du es anderen recht machst und dich um ein „gutes Feedback" bemühst?

Du sehnst dich nach Liebe.
Doch wo suchst du sie?

Richte deinen Blick nach innen und nimm dieses Gefühl von „Mangel" in dir wahr. Lasse dieses Gefühl zu, weiche ihm nicht aus, habe den Mut, es *hundertprozentig* zu spüren! Du wirst dabei vermutlich auf unterschiedliche *Emotionen* treffen. Dann gehe durch sie hindurch, steige diese „Emotionsleiter“ immer weiter hinunter ... blicke immer noch tiefer ... bis du dein *Innerstes* berührst.

In dieser Stille kannst du erfahren, dass dir nichts fehlt – weil Liebe deine wahre Natur ist. Weil du tatsächlich Liebe bist.

Wenn du aus diesem inneren Frieden heraus deiner Mutter begegnest, kannst du die Dinge kommen und gehen lassen, und du erkennst, dass sie dir nichts *geben* muss und nichts wegnehmen kann. In dem Augenblick lässt du sie und dich selbst frei.

LIEBE IST

SCHÜLERIN: Ich merke in diesem Retreat, wie viele Erwartungen und Ängste ich habe in Verbindung mit anderen Menschen, gerade auch in meiner Partnerschaft. Irgendwie bekomme ich nicht das, wonach ich mich sehne.

Wie kann ich *Beziehungen* führen, die sich einfach gut und stimmig anfühlen? Was kann ich tun, um diese reine Liebe zu leben, die ich bei dir spüre?

DANIEL: Du hast jetzt einige Tage damit verbracht, *innezuhalten*. Du hast deine Gedanken, Emotionen, Gefühle und Bilder wahrgenommen, hast dich konfrontiert mit deinen Erwartungen, Vorstellungen und Bedürfnissen.

Was ist es, was da alles in dir abläuft?

Schau genau hin – vermutlich wirst du erkennen, dass sich das meiste davon um dein *„Ich"* dreht.

Doch um was für ein Ich geht es da? Es ist dieses Ich, das einen Anfang kennt, das geboren worden ist, das aus einem *Körper* und einem *Geist* besteht. Ein Ich, das eine persönliche Geschichte hat, die vielleicht viele Leben umfasst. Es glaubt, sich durch Äußerlichkeiten finden zu können, es definiert und erhält sich darüber. Das Äußere ist sein „Futter".

Ganz klar, dass dieses Ich so sehr an äußeren Dingen interessiert ist – sonst würde es *verhungern!* Und die Fixierung im Außen gibt ihm die Möglichkeit, am Leben zu bleiben.

So geht bei den meisten der Blick nach außen. Weil sie sich ganz auf dieses Ich reduzieren – vollständig identifiziert sind mit ihrer *Person.*

Das wahre Selbst, auf das wahre Lehrer hinweisen, ist definitiv ein anderes Ich, ein anderes *Sein* ... ein „Ich bin". Das, was einfach ist, was nie geboren wurde und niemals sterben kann, was immer war, immer sein wird und jetzt ist – *das* versuchen wir, wieder zu entdecken.

Und dabei begegnet uns unser konditioniertes Ich. Beziehen wir uns auf diese Ich-Gedanken, Emotionen, Gefühle und Bilder, werden wir nie *erfahren,* wer wir wirklich sind.

Was hilft uns, zu erkennen, wer wir wirklich sind? Wie können wir das Äußere *nutzen*, um in Kontakt mit unserem wahren Selbst zu kommen?

Wenn du zum Beispiel einen Menschen liebst,
dann ist die Liebe, die du fühlst, in dir.
Doch du machst sie fest an diesem Menschen,
und so hast du Angst, ihn zu verlieren.

Du hältst an ihm fest, schaffst Abhängigkeit und leidest. Und übersiehst dabei vollkommen deinen inneren *Reichtum* – diese intensive Liebe. Sie wurde vielleicht geweckt durch einen anderen Menschen. Und dafür kannst du dankbar sein. Aber es ist „deine" Liebe – dieser Mensch ist „in dir".

Das heißt, im Grunde gibt es gar kein Innen und Außen. Das ist lediglich eine Kreation des Geistes, und sie schafft Trennung. Dann gibt es zwei: innen und außen – nicht *eins*.

Wenn du einfach diese Liebe fühlst und in ihr verweilst, ohne sie auf irgendjemanden oder irgendetwas zu projizieren, bleibt sie absolut rein. Und lebst du aus dieser Liebe heraus, formt sich genau das, was sich formen soll.

Es ist wichtig, zu verstehen, dass es nicht um die *Form* geht, sondern darum, aus was heraus sich die Form ergibt.

Machst du deine Liebe abhängig von was auch immer, dann erwartest du und hoffst. Und lädst eine Menge *Unreinheiten* ein. Weil du Liebe an Bedingungen knüpfst, die vielleicht mit deinen Ängsten zu tun haben, diesen Menschen zu verlieren, erneut verletzt zu werden. So eine Beziehung ist nicht nährend, nicht in der Tiefe. Allein das *Ego* erhält sich dadurch!

Es ist nur dieses konditionierte Ich,
das da versucht, zu lieben. Doch dieses Ich
kennt keine wahre Liebe. Es ist
lediglich auf der Suche nach Bestätigung.

Es bezieht sich auf das, worauf es programmiert ist und selektiert und entscheidet so, dass sich ein Gefühl von Stimmigkeit einstellt. Aber in welch *begrenztem* Rahmen findet diese „Stimmigkeit" statt?

Wenn du eins bist mit deinem wahren Selbst, erkennst du, dass bereits alles stimmig ist. Dass das Hier und Jetzt *genug* ist – nicht erst, wenn du ein „Gefühl von Stimmigkeit" hast!

Aber um das zu erkennen, ist es notwendig, dass du dich akzeptierst, wie du bist, dich vollständig annimmst und alle inneren Prozesse zulässt. Dass du „Ja" sagst zu dem, was ist.

Was nicht heißt, dass du dann nichts mehr tust. Dein wahres Selbst wird dich so handeln lassen, wie es der Situation entspricht. Aber du suchst nicht erst nach einem *Grund,* du denkst nicht darüber nach, du handelst einfach.

Du lässt passieren, was passieren soll. Dann gibt es keinen Zweifel mehr, keinen Fehler, keine Angst, keine Einsamkeit. Da gibt es einfach nur ein Sein ... ein „Ich bin".

Und dieses wahre Selbst ist *Liebe* – Liebe, die nicht irgendwelche Egos nährt, sondern das Herz.

Ein wahrer Lehrer wird dein Herz nähren und nicht dein Ego befriedigen. Damit du erkennen kannst, dass es keinen Unterschied gibt zwischen deinem und seinem Herzen. Dass es ein und dasselbe ist – eins ist.

Erlaube dir einfach, diesen Worten Raum zu geben. Sie wirken zu lassen. Wenn dich jetzt irgendetwas beschäftigt, meditiere darüber.

Wenn zum Beispiel jetzt ein Mensch sehr präsent ist, lass ihn da sein. Bekomme ein Gefühl für die *Verbindung* zu diesem Menschen.

Tauche durch all die Erscheinungen deines Geistes hindurch, bis diese Verbindung absolut rein ist ... bis du dich selbst erkennst in dem anderen.

DIE KUNST, NICHTS ZU TUN

Du kannst deine WAHRE Natur nicht *tun*.

LIEBE „MACHT“ MAN NICHT

SCHÜLERIN: Du hast gesagt, wenn die „persönliche Wirklichkeit“ uns nicht mehr dominiert, dass sich dann all unsere Beziehungen ändern, dass wir Liebe als unsere wahre Natur erkennen und die Welt dann anders sehen. Kann ich *mental* daran arbeiten oder ist es so, dass sich das irgendwann von allein einstellt?

DANIEL: Mental daran arbeiten – aktiv etwas *machen* – solltest du nicht. Das ist genau die Kunst, irgendwann mental gar nichts mehr zu tun.

Sobald du mental etwas machst, machst du es mit deinem geschäftigen Geist. Und durch deine ständigen Verbesserungsvorschläge wird er noch geschäftiger.

Yoga sagt: Wir sind nicht Körper, wir sind nicht Geist. Wir arbeiten damit, ja. Aber nicht mit dem Ziel, danach einen „positiver“ konditionierten Geist zu haben, sondern mehr in dem Sinne, dass wir durchschauen, wie unser Geist *funktioniert.* Dass wir die flüchtige Natur unserer Gedanken, Emotionen und Gefühle erkennen ... und den Raum erfahren, in dem all das stattfindet.

Das ist die Essenz von Yoga. Aber das ist nicht etwas, was du im klassischen Sinne *tun* kannst.

Du kannst deine
wahre Natur nicht tun.

Doch wenn du in Kontakt mit ihr bist oder es durch eine Erfahrung einmal warst, siehst du die Welt auf jeden Fall anders.

Weil du nicht mehr durch die Brille deiner persönlichen Konditionierung schaust, siehst du klar. Und dann *erlebst* du, dass Liebe deine wahre Natur ist. Dann ändern sich auch deine sämtlichen Beziehungen.

Die meisten Menschen sehen die Welt und handeln aus ihrer persönlichen *Konditionierung* heraus. Da ist schon auch „Liebe". Aber was für eine Liebe? Liebe, die auf ganz bestimmte Menschen abzielt. Die mit einer ganz bestimmten Erwartungshaltung verbunden ist und mit Vorstellungen, wie Menschen zu sein haben. Eine Liebe, die nur da ist, wenn alle *Voraussetzungen* passen und alle Bedingungen erfüllt sind.

Liebe der wahren Natur kennt keine Bedingungen. Sie ist einfach da. Und deshalb ist sie so schön. Aber diese Liebe ist nichts, was du „mental machen" kannst.

Auch wenn du dich angezogen fühlst zum Beispiel von den Worten eines spirituellen Meisters, der von wahrhaftiger Liebe spricht, wird jeder *Vorsatz,* nun bedingungslos zu lieben, scheitern.

Du denkst dir vielleicht: „Ahh! Liebe heißt, bedingungslos zu sein! Klingt toll. Das ist also eine Eigenschaft, die man *braucht,* um gemäß dem, was dieser heilige Meister sagt, wahrhaft zu lieben. Gut, dann bringe ich das jetzt noch mit hinein in mein Leben. Jetzt lebe ich bedingungslose Liebe! Und Mitgefühl! Und Hingabe!" Das kannst du *vergessen*. Das einzige, was dann passiert, ist, dass du deiner bestehenden mentalen Vernetzung auch noch deine Vorstellung von bedingungsloser Liebe hinzufügst. Vielleicht glaubst du, ab jetzt musst du bei jedem, der dir begegnet, superliebevoll und verständnisvoll tun. *Superunehrlich* – wenn es nicht einfach da ist, sondern du es „machen" musst.

Sobald du es machen musst, ist es nicht bedingungslos – ist es nicht die Liebe, von der ich spreche. So brauchst du es nicht zu versuchen. Mentale Übung hilft dabei nicht im Geringsten! Weil sie dich nicht aus deiner *Vernetzung* herausbringt. Das ist der Punkt.

Unsere Praxis ist, genau diese mentale Aktivität wegzulassen. Dann offenbaren sich Mitgefühl und Hingabe von ganz allein. Dann näherst du dich bedingungsloser Liebe.

LEBE, WAS DU BIST

Die Praxis der Hingabe, das Üben von Yoga-Asanas, das Studieren von heiligen Schriften – es gibt viele Wege, wie du dich wahrhaftiger Liebe annähern kannst. Was immer du tust: Entscheidend ist, dass deine Praxis die *Kraft* hat, dich aus deiner mentalen *Fixierung* zu werfen. Sie muss dich darüber hinaus bringen, zum Beispiel etwas nur deshalb zu tun, weil du es für gut oder „heilig“ hältst. Wenn du dich bemühst, wie ein Heiliger zu *handeln,* bist du deswegen noch nicht heilig. Ganz einfach, weil es eine mentale Aktivität ist.

Irgendwann versucht das wahrscheinlich jeder einmal – dieses „Ich muss gut sein. Ich muss für *alles* Verständnis haben und jedem Menschen liebevoll begegnen.“ Das ist okay. Freundlichkeit, eine gewisse Zurückhaltung, ein Bemühen, andere nicht leichtfertig zu verletzen – das kann schon gut sein, um eine friedvolle *Atmosphäre* zu schaffen. Nur sollte man darüber die Sache an sich nicht aus den Augen verlieren.

Wenn dieses Handeln nicht tief mit deinem Inneren verbunden ist, wenn es nur *aufgesetzt* ist, dann hat das nichts mit dem wahren Weg zu tun.

Deshalb ist es sehr sinnvoll, sich irgendwann
von der Last dieser ganzen Vorstellungen und Konzepte
zu befreien. Sonst besteht die Gefahr,
dass du nicht zu dem wirst, was du bist, sondern
zu dem, was du glaubst, sein zu müssen.

Du errichtest dann nur das nächste Bild von dir: die aufopfernde Mama, der verständnisvolle Freund, der erfolgreiche Manager ... was auch immer.

Und da packst du dann vielleicht noch ein bisschen Spiritualität mit hinein, und Mitgefühl, und bedingungslose Liebe – ja! *Jetzt* ist‘s schön. So schaut‘s gut aus!

Jetzt bist du wirklich *perfekt*.

So baust du dir aus allen Lehren, Philosophien und Lebensratgebern, die dir bis jetzt begegnet sind, die ideale *Person* zusammen – und vielleicht für jede Situation eine andere. Und das funktioniert!

In dem einen Bereich deines Lebens brauchst du diese Person und ziehst sie hervor: „Tatataa!“ In einem anderen Bereich ist vielleicht *jene* erfolgversprechender: „Tatataa!“ Und wofür? Bekommst du am Ende des Tages dann den „Gut-gemacht“-Orden verliehen?

Oder liegst du vielleicht in deinem Bett und fragst dich: „Was, verdammt noch mal, hat das alles mit *mir* zu tun?“

Und jedes Mal, wenn du zur Ruhe kommst, auch wenn du meditierst, stellst du fest, dass du nur Müll-Gedanken hast. Ja, klar! Weil du die ganze Zeit nur damit beschäftigt bist, all diese *Bilder* von dir aufrechtzuerhalten – eine gute Show abzuliefern.

Doch das zu erkennen, ist letztlich der Schlüssel, aus diesem „Gedanken-Karussell“ *auszusteigen*. Und das ist der Punkt, wo deine Meditationspraxis ansetzen kann: Begebe dich in das Zentrum des Karussells, dahin, wo sich nichts bewegt.

Und aus dieser Ruhe heraus schaust du dir an, was da alles an dir vorbeisaust – was für bunte Gestalten ... was für Gedanken ... und du bist einfach Zeuge von dem, was da ist.

Du wirst merken, dass es einen *Raum* gibt zwischen den Bildern, Gedanken, Stimmungen und Gefühlen. Einen Raum, in dem dich etwas Wahrhaftiges erwartet.

Wenn es dir gelingt, in diesem Raum zu verweilen und aus ihm heraus zu handeln, machst du dir keinen Kopf mehr, was du tun sollst. Du bist im Augenblick und tust das, was du tust. Authentisch und ohne eine Vorstellung davon, wie du zu sein hast.

Du bist einfach, was du bist. Nicht „heilig". Aber auch nicht „nicht heilig" ...

❦

In Fluss kommen

Fühle diese Kraft, die
alles auslöst – und
beziehe dich nicht auf das,
was ausgelöst wird.

IN LIEBE BADEN

SCHÜLER: In letzter Zeit erlebe ich es oft, dass ganz plötzlich ein Gefühl von Liebe in mir aufwallt. Da baut sich eine *Energie* auf, vor allem im Bauch- und Brustbereich. Das ist unglaublich intensiv, und in diesen Momenten ist auch meine Frau sehr präsent. Es passiert auch mitten in der Arbeit. Da reißt es mich richtig raus. Das Denken lässt stark nach, und ich spüre diese starke Energie im Körper. Das ist keine Ruhe, sondern *Bewegung*.

Das Komische ist, dass sich da auch andere Sachen mit hineinmischen, zum Beispiel Angst und ein „Greifen wollen". Und ich frage mich, warum sich das vermischt, wie das zusammenhängt.

DANIEL: Wenn diese Energie, von der du sprichst, beginnt, in Menschen zu arbeiten, sind die Reaktionen sehr unterschiedlich.

Bei einer Energieübertragung zum Beispiel fallen viele in einen seligen *Glückszustand,* empfinden tiefe Dankbarkeit, fühlen sich verbunden mit „Mutter Erde", erfahren „Eins sein".

Bei manchen führt der Körper plötzlich bestimmte Bewegungen aus, andere beginnen zu zittern, zu weinen oder zu lachen. Alles ausgelöst durch diese göttliche Energie ... die sehr *kraftvoll* ist ... die voller Liebe ist.

Aber gleichzeitig bringt sie auch Dinge an die Oberfläche, die teilweise sehr tief sitzen und diesen „göttlichen Strom" in dir *blockieren.* Sie lässt dich all dem begegnen, damit es sich *auflösen* kann. Entscheidend ist, dass du dir ehrlich anschaust, was da kommt, ohne daran festzuhalten.

Du setzt dich einfach mitten in diese Liebe hinein, bemerkst das Kommen und Gehen der Angst, des „Greifen wollens", und verweilst dabei in Liebe.

Und je länger du darin verweilen kannst, desto mehr kann sich diese Energie voll und ganz in dir entfalten, desto mehr *verkörperst* du diese Liebe. Und ihr Ausdruck zeigt sich dann von ganz allein.

Völlig egal, wo du bist, du wirst einfach Liebe ausstrahlen und aus ihr heraus handeln. Und es ist gar nicht das Gefühl, dass *du* es tust. Es passiert einfach – indem du dich von dieser Energie bewegen lässt.

Dann sitzt du in der Arbeit auf deinem Stuhl und lächelst einfach und fühlst dich verbunden – mit deiner Frau, aber auch mit sämtlichen anderen Menschen, die dich umgeben. Du *badest* in Liebe, stundenlang, und freust dich ...

Du hast mich einmal gefragt, ob ich bedingungslose Liebe mit meiner Frau leben kann. Du kannst es dir selbst beweisen, dass es möglich ist.

Sei einfach in *Kontakt* mit dieser Liebe, die sich nicht verbraucht, die immer da ist, die nicht an Bedingungen geknüpft ist – weil sie von „wahrem Selbst" zu „wahrem Selbst" fließt.

SCHÜLER: Das heißt, du kannst das *dauerhaft* aufrechterhalten?

DANIEL: Das ist das Schöne: Du musst nichts tun dafür.

Die Liebe, von der ich spreche,
die musst du nicht aufrechterhalten.
Es ist eher ein „Sich öffnen"
dafür, ein Zulassen ihrer Kraft in dir.

Diese Liebe ist nichts, was du erschaffen oder dir verdienen müsstest. Du musst nur die anderen Dinge *weglassen,* und schon ist sie da.

Wenn du dann merkst, dass dein gewöhnlicher Geist versucht zu greifen, indem du zum Beispiel diese Liebe nur auf deine Frau beziehst – auf das, was du kennst –, dann lass es gehen. So dass du die universelle Liebe in ihrer *Unendlichkeit* erfährst. Dann hast du auch keine Angst, dass du etwas verlieren könntest. Weil du diese Liebe nicht verlieren kannst. Weil du diese Liebe bist.

Praktiziere einfach weiter, dann *offenbart* sich alles von ganz allein. Es ist nicht so, dass du dir eine Lehre überstülpst – sondern die Lehre kommt aus dir.

Und wenn du merkst, dass sich dadurch dein Leben wahrhaftiger anfühlt, ist das ein gutes Zeichen, dass du auf dem richtigen Weg bist.

❦

DER KUNDALINI-PROZESS

SCHÜLERIN: Ich habe eine Zeit lang in einem „spirituellen Zentrum" Kundalini-Yoga gemacht. Da wurden viele verschiedene *Asanas* und *Pranayamas* praktiziert. Seitdem fühle ich in mir so ein starkes Zittern, eine innere Unruhe ... ich habe Schweißausbrüche und Gefühle von Angst und Panik.

Als ich das der Lehrerin dieses Kurses erzählte, sah sie mich nur ganz ratlos an – sie schien keine *Ahnung* zu haben, wovon ich rede. Und ich weiß jetzt nicht, wie ich damit umgehen soll ...

DANIEL: Es geschieht nicht selten, dass diese Energie Menschen stark *verunsichert*. Weil viele einfach nicht wissen, was da mit ihnen passiert. Weil Energie selten davor in so einer Intensität gefühlt worden ist.

Wir leben in einer Kultur, die diesen Dingen wenig Beachtung schenkt – Kenntnisse über einen *Kundalini*-Prozess sind bei uns eher Mangelware.

Auch wenn diese Urkraft in uns, diese göttliche Energie der Menschheit seit *Urzeiten* bekannt ist, folgen die meisten in unserer Gesellschaft doch lieber dem Weg des Egos.

Letztlich ist es nur eine Frage der Zeit, dass sich jeder Einzelne seines göttlichen Erbes bewusst wird, indem er sich diesem tiefen, transformierenden Prozess hingibt. Doch solange nicht mit dem *wahren* Verständnis praktiziert wird, wird diese Kraft mit Sicherheit auch für Verwirrung sorgen.

Mittlerweile wird bei uns an jeder Ecke Yoga angeboten – und teilweise sehr leichtfertig mit irgendwelchen *Transformationstechniken* gespielt. Laut „Werbung“ sollen dadurch Körper, Geist und Seele in Einklang gebracht werden. Aber oft genug verdient lediglich der Anbieter eine Stange Geld, während der „Käufer“ höchstens um eine *Erfahrung* reicher ist ... von Einklang jedoch keine Spur. Was hat das mit Yoga zu tun?

Bestimmte geistige Zustände oder Erscheinungen herbeizuführen, ist nicht besonders schwer, und wir alle haben vermutlich schon eine Menge „spiritueller Erfahrungen“ gemacht. Entscheidend ist aber: Fördern sie unser inneres *Wachstum* oder nähren sie nur unser spirituelles Ego, stürzen uns in Verwirrung und Chaos?

Es ist daher sehr sinnvoll, bei diesem Prozess von einem erfahrenen Lehrer begleitet zu werden. Ohne die „Gnade eines Gurus“ kannst du „atmen und turnen“, solange du willst – und doch am Wesentlichen vorbeipraktizieren.

Es ist eben nicht damit getan, diese
Urkraft zu erwecken. Es ist auch
nötig, einen Umgang zu finden mit all den
Phasen dieses inneren Prozesses.

Und nur ein Lehrer, der das innere Leben kennt, kann dir dabei helfen.

Die Kundalini-Energie wird meistens als eine Schlange dargestellt, die zusammengerollt an der Basis der Wirbelsäule liegt. Wenn sie *geweckt* wird – das kann durch Asanas, Pranayamas oder Mantras geschehen, aber auch durch den Blick oder die Berührung eines Lehrers – dann ist das wie eine *Geburt,* wie der Eintritt in ein neues Leben ... ins spirituelle Leben. Es ist der Beginn eines intensiven Erkenntnisprozesses.

Indem diese göttliche Energie sich von der Basis bis zum Scheitel „empor arbeitet", öffnet sie die einzelnen *Chakren* – die Tore zum kosmischen Bewusstsein. Und das kann sehr intensiv sein. Denn du durchläufst dabei eine innere *Reinigung,* auf mentaler, emotionaler und körperlicher Ebene.

Es kann sein, dass du mit Vergangenem konfrontiert wirst. Unterdrückte Dinge kommen an die Oberfläche – ein alter Schmerz vielleicht, der noch nicht vollständig ausgelebt und *losgelassen* worden ist. Das kann mit Angst und Panik verbunden sein. Es kann sogar auch zu einem kurzzeitigen Auftauchen von Krankheitssymptomen kommen als Teil dieses inneren Heilungsprozesses.

Das Schöne ist: Je mehr du dich dieser heilsamen Energie anvertraust, desto mehr wirst du all das als Wachstumschance erkennen. Du lernst, dir wirklich ehrlich zu begegnen und dich selbst in der *Tiefe* zu erleben.

Was ganz natürlich damit einhergeht, ist ein grundlegendes Verständnis davon, wie wir als Menschen existieren. Du begegnest deiner Geschichte, früheren Leben womöglich, du erkennst, warum du in einer bestimmten Konstellation hier bist, entwickelst vielleicht bestimmte Fähigkeiten ...

Doch lasse dich von all dem nicht ablenken! Ein wahrer Lehrer wird dich immer darauf hinweisen, dass es nicht so sehr um diese Entwicklungsstufen als solche geht, nicht um irgendwelche Geisteszustände, Fähigkeiten oder etwas dergleichen, sondern viel mehr um die innere *Haltung*, mit der du all diese Phasen durchschreitest. Um eine Klarheit darüber, für was du dich da öffnest, mit was du dich verbindest.

Ganz egal, was man schon erfahren hat: Man sollte sich als „Wahrheits-Suchender" immer daran erinnern, dass es um das Erkennen und *Leben* des wahren Selbst geht – und nur darum! Alles andere sind Nebenprodukte ...

Nimm einfach die Dinge an, die da erscheinen, und gib ihnen so viel Raum, dass sie sich auflösen können. Auf diese Weise wirst du erkennen, dass es da etwas in dir gibt, was sämtliche Erscheinungen *hervorbringt* – diese Energie, die sich in dir und jedem Menschen entfalten will.

Fühle diese Kraft in dir,
die alles auslöst – und beziehe dich nicht
auf das, was ausgelöst wird.

Kannst du die Tatsache annehmen, dass diese göttliche Kraft da ist, ihre Arbeit macht und sich dabei auch nicht groß „reinreden" lässt? Kannst du dich ihr hingeben ... ihr *vertrauen?*

„Gottvertrauen" entwickeln ...

❦

SPIRITUELLE POKALMEISTER

Schüler: Seit ich angefangen habe, bei dir Yoga zu praktizieren, mache ich immer wieder sehr intensive Erfahrungen: zum Beispiel das Gefühl von „Eins sein", energetische Explosionen und *Lichterscheinungen* ...

Dazwischen gibt es schon auch Phasen, wo nichts passiert, aber letztes Mal bei der Meditation hatte ich wieder ein wirklich faszinierendes Erlebnis: Ich konnte plötzlich intensiv die Energie der anderen Menschen im Raum spüren, fühlte mich völlig verbunden mit allen und konnte teilweise sogar *Gedanken* von anderen auffangen, und ---

Daniel *(unterbricht):* Ich betone es immer wieder, wie wichtig es ist, einen Umgang mit diesen Erfahrungen zu finden. Weil sonst die Gefahr besteht, dass man bestimmten Zuständen hinterherjagt und an „spirituellen Errungenschaften" festhält. Beides steht der inneren Entwicklung im Weg.

Wenn du mir also voller Stolz von deinen Lichterscheinungen und deinen „Fähigkeiten" erzählst, kann ich als Lehrer nur sagen: Bleib da nicht hängen!

Stell dir deine Erfahrung nicht als *Pokal* ins Regal. „Heute habe ich diese Erfahrung gemacht!" Und auf diesem Pokal steht „Lichterscheinung" drauf. Auf einem anderen steht vielleicht „Verbunden sein". Und auf denen da hinten steht „Der Körper löst sich auf" oder „Glücksenergie-Kugel" oder „Gedankenlesen" oder „Nichts stört" ... Und dann wartest du schon auf den *nächsten* Pokal und übst auch ganz fleißig. Und wenn dann immer noch keine tolle Erfahrung kommt, gehst du zu der Vitrine hin und schaust deine alten Pokale an und wischst den *Staub* davon herunter: „Oh ja, der hier! Da war doch „Eins sein“ draufgestanden, oder?“

Und da stehst du dann mit deinem Pokal und polierst und polierst: „Genau, *„Eins sein“* ... also, das gibt es doch!“ Ja, das gibt es. Jetzt in diesem Augenblick! Sobald du aufhörst, diesen alten Pokal anzuhimmeln. Du musst auch den Pokal wegwerfen. Der nützt dir nichts!

Nichts gegen spirituelle Erfahrungen an sich.
Sie können sehr kraftvoll sein, und sie
werden sich in dir im vollen Maße entfalten – wenn
du dich nicht darum kümmerst.

Wenn du aber meinst: „Ahh ... ich! Meine Pokale!“, dann hast du verloren. Mentaler Müll! Deshalb wird auch ein Lehrer selten etwas über seine „außergewöhnlichen Erfahrungen“ erzählen. Um keinen auf die Idee zu bringen: „Aha, es geht also um diesen Pokal. *Den* muss ich auch haben!“ Dann wartet derjenige nur auf diese Erfahrung. „Ja! Willkommen zum Daniel-Hertlein-Sensations-Yoga!“ *(Lachen)*

Darum geht es nicht, wenn du ernsthaft an der Essenz interessiert bist. Es geht darum, dass du in etwas anderes hineinfällst.

Wenn du achtsam bist und deinen Geist dabei *ertappst,* wenn er das nächste Mal zu der Vitrine geht und zum Beispiel nach dem Pokal „Nichts stört“ sucht ... in dem Augenblick kannst du erfahren, *was* stört: die „Nichts stört"-Erinnerung – die stört. In dem Moment, wo du das erkennst, lässt du sie los ... und nichts stört mehr.

Diese spirituellen Erfahrungen mögen einem vielleicht wertvoller erscheinen als andere Erfahrungen, und man kann sich sehr leicht davon *verzaubern* lassen. Doch wenn du beginnst, in diesen Erinnerungen zu schwelgen, hat das ziemlich wenig Wert.

Das ist so, wie wenn du eine CD einlegst, die du mit einer schönen Erfahrung verbindest, um dieses *alte* Gefühl wieder in dir wachzurufen. Das kann eine schöne Stimmung erzeugen und Spaß machen – völlig okay. Aber mit Wahrheit hat das nichts zu tun.

Wenn du an Wahrheit interessiert bist, ist es sehr sinnvoll, da ehrlich hinzuschauen. Damit du es erkennst, wenn du so etwas tust. Und jedes Erkennen ist eine Chance, in deine wahre Natur zu fallen.

Wenn du also merkst, etwas in dir will
gerade nach dem alten Pokal greifen und du folgst diesem
Impuls nicht, löst sich dieses „Etwas" in dir auf,
und der nächste Pokal offenbart sich.
Auf diese Art und Weise gewinnst du ständig Pokale!

Solange, bis das irgendwann nichts Besonderes mehr für dich ist. Das verliert seine Wichtigkeit. Und dann kannst du einfach entspannt sein.

Schüler: Hat dann so eine „klassische spirituelle Erfahrung" wie zum Beispiel eine Lichterscheinung in *irgendeiner* Weise einen anderen Wert als jede andere Erfahrung, die man mit Achtsamkeit wahrnimmt?

Daniel: Auf einer bestimmten Ebene mag eine Lichterfahrung für dich *schöner* sein als andere Erfahrungen. Doch in dem Moment, wo du sie als „schöner" bewertest, bist du in der Dualität und fernab deiner wahren Natur. Wenn du dich in diese Art zu denken *hineinbegibst,* trennst du dich ab vom Fluss des Lebens, bist du nicht offen für das Erleben des Hier und Jetzt.

Schüler: Heißt das, der Teil von mir, der es als „schöner" empfindet, so eine Erfahrung zu haben, ist nur auf der Ebene der *Person?* Und aus dem großen Raum betrachtet, ist es völlig egal, ob gerade eine Lichterfahrung da ist oder irgendeine andere Erfahrung?

Daniel: Es ist genau so, wie du sagst: Aus dem großen Raum betrachtet, ist es völlig egal. Weil deine Essenz *unberührt* ist von irgendwelchen Körper-Geist-Ereignissen.

VERBINDUNG ZUM LEHRER

Öffne dich so weit, dass du mit den AUGEN deines Lehrers siehst, den Blick deines Lehrers hast, die Welt so *erfährst* wie er.

DIE „RICHTIGE“ PRAXIS

SCHÜLERIN: Ich suche seit Jahren nach spiritueller *Erfüllung.* Doch ich habe einfach noch nicht die richtige Praxis für mich gefunden. Auch Seminare bei unterschiedlichen Meistern konnten meine Sehnsucht nicht befriedigen. Nun bin ich bei Dir gelandet. Kannst du mir helfen?

DANIEL: Ich kann dir von einem *Erlebnis* erzählen ...Vor einigen Jahren war ich bei einem Seminar eines bekannten Zen-Meisters. Das Thema war „Achtsamkeit“.

Während sich der Raum langsam füllte und alle ihre Plätze einnahmen, entbrannte vorne in der ersten Reihe ein heftiger *Streit* – zwei Teilnehmerinnen zankten sich hartnäckig um das letzte freie Sitzkissen.

Nach dem Vortrag des Meisters über Achtsamkeitspraxis und einer gemeinsamen Meditation ging ich hinter den anderen hinaus in den Garten, wo auf einem großen Tisch das Mittagessen bereitstand – Töpfe mit Reis und Gemüse, von denen wir uns bedienen konnten.

Ich stellte mich als Letzter hinten an. Als die beiden Personen vor mir an der Reihe waren, wurden sie sehr *ärgerlich,* weil nicht mehr viel da war. Weil sich vorher andere zu viel genommen hatten! Weil nicht genug gekocht worden war!

Während sie schimpften, füllten sie ihre Teller ... und überließen mir den *restlos* leer gekratzten Topf.

Wenig später spazierte ich durch den Garten und kam an einer Gruppe von Leuten vorbei, die unter einem großen, alten Baum saßen und in eine hitzige Diskussion verwickelt waren.

Unüberhörbar wurde da über die „richtige“ Meditationspraxis debattiert. Die „Wahre Meditation geht nur im Sitzen“-Fraktion attackierte die „Mein ganzer Alltag ist Meditation“-Fraktion, und dann *echauffierte* man sich über die Frage, ob die Frauen in Letzterem den Männern von Natur aus überlegen sind oder nicht ganz im Gegenteil eher umgekehrt.

Mir wurde an diesem Tag sehr deutlich
vor Augen geführt, dass es im Grunde nur eine „richtige“
spirituelle Praxis gibt, die wirklich erfüllend ist:
nämlich die, die man praktiziert.

Das heißt, es geht in meinen Augen weniger darum, die „richtige“ spirituelle Praxis zu suchen, als darum, in Verbindung mit dem Lehrer „richtig“ zu *praktizieren.*

SCHÜLERIN: Wie kann ich das tun?

DANIEL: Wenn du zu einem Lehrer gehst, um zu lernen, dann mache dich vollkommen auf für das, was da ist. Und erkenne durch *seine* Präsenz dich selbst.

Ich habe das intensiv erlebt bei einem Zen-Seminar meines Lehrers. Dieses Seminar fand in einem sehr schönen, runden Haus statt, dessen Fassade vorwiegend aus Glas bestand. Von einer Holzterrasse und einem liebevoll angelegten kleinen Teich umrandet, lag es mitten auf einer Waldlichtung. In diesem hohen lichten Raum, umgeben von *Natur*, saßen wir in Meditationshaltung auf unseren Kissen und lauschten Roshis Vortrag. Nachdem er geendet hatte, gab es eine längere Mittagspause.

Erfüllt von den Worten, der *Stille* und Präsenz meines Lehrers blieb ich noch eine Weile in Meditation sitzen. Schließlich stand ich auf, ging zu der großen Glaswand und sah nach draußen in die sonnenbeschienene Landschaft. Neben mir stand eine Frau, die ebenfalls hinaus schaute und irgendwie *betroffen* wirkte. Sie wandte sich mir zu und deutete auf eine Stelle im Wasser. „Schau mal, da liegt ein toter Vogel im Wasser!", sagte sie mit trauriger Stimme.

Ich schaute zu der Stelle hin, konnte den Vogel aber nicht sehen. Doch stattdessen erblickte ich in der Tiefe eine lange, dünne Wasserschlange, die von goldenen Lichtsprenkeln berührt, schnell und geschmeidig durch das Wasser glitt. Ich zeigte der Frau die Schlange. Augenblicklich *erhellten* sich ihre Gesichtszüge. „Oh!", rief sie berührt, „wie wunderschön!"

Ich ließ meinen Blick weiterschweifen und entdeckte neben der Schlange auch den toten Vogel – ein kleiner Spatz, der halb verdeckt von einer Schilfpflanze an der Wasseroberfläche trieb. „Ah, da ist der Vogel", sagte ich. Worauf die Frau meinte: „Der ist weniger schön ..."

„*Beides* ist schön", erwiderte ich. Die Frau blickte mich an. Dann legte sie ihre Hände zusammen und verneigte sich vor mir. Ich verneigte mich ebenfalls und wandte mich zum Gehen. Während ich langsam auf den Speiseraum zuging, flog mich plötzlich eine kurze Irritation an: „Komisch! Was hast du da gesagt? Beides ist schön? – Auch der aufgeschwemmte tote Vogel?!“

Durch dieses „Aufflackern“ von Gedanken wurde ich mir der Stille bewusst, aus der heraus ich so natürlich und *selbstverständlich* gesprochen hatte.

So ging ich zum Mittagessen. Als ich nach der Pause zu meinem Platz ging, sah ich die Frau erneut an der Glaswand stehen und suchend nach draußen blicken. Das Wetter war umgeschlagen, Gewitterwolken türmten sich am Himmel und tauchten die Landschaft in ein dunkles Licht. Mit hängenden Schultern stand die Frau da, ihr Blick *irrte* über das dunkle Wasser. „Ich kann die Schlange nicht mehr finden – sie ist einfach nicht mehr da! Sie war so wunderschön“, sagte sie und schaute mich schwermütig an. Ich sah sie da stehen, sah die Schönheit und *Vergänglichkeit* von allem, sah ihr „Gefangen sein“ ...

Ohne etwas zu sagen, blickte ich ihr in die Augen, und mich durchströmte ein unendliches *Verständnis* für das menschliche Leid und zugleich ein unendliches „Frei sein“, ein vollständiges Annehmen von dem, was ist, vollkommener Frieden ...

Öffne dich so weit, dass du mit
den Augen deines Lehrers siehst, den Blick deines
Lehrers hast, die Welt so erfährst wie er.

Bis du irgendwann erkennst, dass es eigentlich deine Augen sind und immer deine Augen waren – dass *du* es bist, der die Dinge so sieht.

In dem Augenblick weißt du, dass es keinen Unterschied gibt zwischen dir und dem Lehrer, dass du nie getrennt warst von ihm. Dass du und der Lehrer *eins* sind.

DER RAT DES LEHRERS

Schülerin: In deinen Yogastunden bekomme ich wertvolle Anregungen für meine Praxis. Außerdem lese ich viel und gehe zu Vorträgen, wo ich ebenfalls immer wieder guten Gedanken begegne. Was kann ich *noch* tun, um in meiner Praxis weiterzukommen?

Daniel: Das Beste ist, nicht Informationen zu *konsumieren,* sondern nach dem Rat des Lehrers zu praktizieren.

Ich bezweifle, dass Bücher oder allgemeine Vorträge über
Wahrheit und Liebe in der Tiefe etwas verändern – weil du von ihnen
selten da abgeholt wirst, wo du gerade stehst.

Du magst dadurch zwar mit vielen Ideen in Berührung kommen, doch wie du sie konkret umsetzen und auf dein *Leben* übertragen kannst, das erfährst du nicht. So schusterst du dir dann vermutlich selbst etwas zusammen, von dem du meinst, dass es so gemeint sein könnte. Und dem folgst du, weil es sich für dich am wahrhaftigsten anfühlt. Doch ob es deswegen wahr ist, sei dahingestellt. Im Gegenteil: Auf diese Weise holst du dir nur irgendwelchen Unrat in deinen Kopf. Dein Geist wird noch geschäftiger, und irgendwann bist du einfach *überfordert* mit all dem Input.

Daher ist ein direkter Austausch mit einem Lehrer so wichtig – weil seine Worte nur für *dich* gesprochen sind. Er nimmt dich komplett in sich auf und spricht aus dem heraus, was im Moment gerade da ist. Und die Wahrscheinlichkeit, dass er auf diese Weise etwas in dir berührt, was dich zu dir selbst führen wird, ist sehr, sehr groß. Meine Erfahrung ist:

In Verbindung mit meinem Lehrer zu sein und
seinen Rat anzunehmen, hat Türen in mir geöffnet … und
mein Inneres offenbarte sich wie von selbst.

Aber nicht, weil ich darüber philosophierte, es interpretierte, sondern weil ich das *angewendet* habe, was mir empfohlen wurde. Erst dadurch war es mir möglich, seine Worte in der Tiefe zu verstehen. Und ich habe sie nicht mit dem Kopf verstanden, sondern mit meinem Herzen.

Du solltest all die Anregungen sich setzen lassen, ihnen Raum geben, so dass sich dein Geist von selbst *strukturieren* kann. Das ist ein guter Lernprozess, eine gute Praxis.

NICHT SUCHEN, FINDEN

Unsere Praxis hat
kein ZIEL, denn es macht
keinen Sinn, nach etwas
zu suchen, was bereits da ist,
was *hier* und *jetzt* ist.

KOMM AN BORD

Schülerin: Als ich zu Hause die Koffer gepackt habe für dieses Retreat, war es, als würde ich aufbrechen zu einer großen *Entdeckungsreise.* Doch jetzt, wo ich spüre, wie kraftvoll das ist, hier mit dir und dieser Sangha zu sitzen, merke ich auch, dass ich ganz schön *Respekt* habe. Vor dem, was mich da alles erwartet – und vielleicht auch davor, was ich alles hinter mir lassen muss ...

Daniel: Es ist sehr schön, dass du hier bist. Ja, es ist wirklich so: Wir machen uns gemeinsam auf eine Art Entdeckungsreise. Ausgehend von unserer kleinen Sitzkissen-Insel fahren wir aufs weite Meer hinaus. Dafür braucht es mit Sicherheit viel *Vertrauen* – Vertrauen in mich, aber auch Vertrauen in euch selbst.

Indem wir uns mit Hilfe verschiedener Übungen so nach und nach öffnen, ziehen wir die Segel unseres Bootes auf. Und die inneren Widerstände sorgen für den nötigen *Wind.*

Wir begeben uns auf diese Reise, weil das Meer einfach so eine immense Anziehungskraft hat ... und vor allem diese Weite.

Es ist möglich, durch Meditation das Meer
zu entdecken, diese Weite zu erfahren. Aber dazu müssen wir
das vertraute Land hinter uns zurücklassen – bis es
vollkommen unserem Blick entschwindet.

Beziehen wir uns während der Fahrt auf das Land, bricht leicht Panik aus. Richten wir uns auf die *Weite* aus, ist alles gut ...

Manchmal haben wir Angst, unsere Stabilität zu verlieren, denn je nachdem, wie stark der Wind weht, kann es ganz schön *wackelig* werden auf so einem Boot. Gerade, wenn es sehr stürmisch wird oder der Wind immer wieder seine Richtung wechselt, ist es entscheidend, wie wir die Segel setzen.

Ein Lehrer sollte ein guter Steuermann, ein „Meister des Segelsetzens" sein. Er sollte das Meer kennen und wissen, aus welcher Richtung der Wind weht. Doch er kann einem Schüler das Meer nur zeigen, wenn dieser sich auch auf das Boot traut.

Viele versuchen, sich erst *abzusichern,* bevor sie auf die Reise gehen – sie verbringen Jahre mit irgendwelchen Schwimmkursen oder mit der Suche nach der sichersten Schwimmweste. Doch dadurch wird die Sehnsucht nach unendlicher Weite nie gestillt werden. Letztlich kommen wir nicht umhin, uns ins *Unbekannte* zu wagen ...

Und jedes Mal, wenn wir da draußen auf dem Meer waren und auf unsere Insel hier zurückkehren, nehmen wir etwas von der erlebten Weite mit. Bis wir erfahren, dass diese *Weite* immer da ist, völlig egal, ob wir auf dem Meer sind oder an Land. Vielleicht braucht es die eine oder andere Bootsfahrt, um das zu erkennen. In dem Augenblick wissen wir, dass all das andere – das Boot, der Sturm, das Land – nur ein Konzept ist, reine Illusion.

Und wie lächerlich es eigentlich ist, *Angst* vor dem Ertrinken zu haben.

Im Grunde geht es darum, einfach seinem Herzensanliegen zu folgen ... der Stimme, die keinen Zweifel kennt.

Diese innere Stimme weist uns den Weg. Auch wenn keiner von uns genau weiß, wohin sie ihn führen wird, ist sie das Einzige, auf das wir wirklich vertrauen können.

Ich bin überzeugt, dass es für einige von euch eine große Sache war, hier „an Bord" zu kommen. Weil ihr eben nicht wisst, was passieren wird ... und auch ich es euch nicht im Detail sagen kann. Doch etwas in euch scheint *kraftvoller* gewesen zu sein als all die Zweifel und Ängste.

Unser Zusammensein *basiert* auf dem Vertrauen in diese Kraft. Genau aus dem heraus spreche ich jetzt. Und schon segeln wir ... und Weite ist da ...

REGELMÄSSIGE PRAXIS

Schüler: Heute morgen beim Yoga habe ich sehr mit mir *gehadert*. Ich habe gemerkt, dass es mich richtig aufgeregt hat, als wir diese Übungsabfolge noch mal wiederholen sollten ... und ich dastand wie der Ochs' vorm Berg und nicht mehr wusste, was wir gerade davor gemacht hatten.

Irgendwie war alles so schwer, jede Bewegung war mir zu *mühsam* – und ich habe mich gefragt, was ich hier eigentlich tue.

Und jetzt weiß ich nicht: Ist es dann der Geist, der sich da wehrt und mich davon abhält, die Übungen zu machen, oder ist es der Körper, der nicht mag?

Daniel: Ist es *wichtig,* herauszufinden, ob es jetzt am Körper liegt oder am Geist? Ich würde dir empfehlen: Lasse dich von beiden nicht versklaven.

Es macht Sinn, wenn du hier bei diesem Retreat dem festen Praxis-Zeitplan folgst, egal, was kommt. Egal, was dein Körper oder dein Geist macht, ob du jetzt schlecht geschlafen oder zuviel gegessen hast, ob du gut oder schlecht aufgelegt bist – du gehst da einfach durch. Basta! Entscheidend ist, nicht aufzugeben. Du machst einfach deine Übung und *akzeptierst* alles so, wie es ist.

Das ist ein wesentlicher Punkt in der spirituellen Praxis. Würden wir nur dann meditieren, wenn alles passt und es uns gut geht, würden wir vermutlich selten meditieren.

Und eine Praxis, die abhängig ist von irgendwelchen *Gemütsschwankungen* oder körperlichen Empfindungen, ist keine spirituelle Praxis. Das ist nicht kraftvoll. Deshalb betonen viele Meister die Wichtigkeit einer regelmäßigen Praxis, die eben durch ihre Kontinuität nicht *abhängig* gemacht werden kann von Äußerlichkeiten oder auch von all den inneren Prozessen.

Doch es ist gut, dass du mitbekommst, was sich in dir so alles ereignet. Und es wird sicher auch Tage geben, wo es sich ganz anders anfühlt.

Wir fühlen uns nicht jeden Tag gleich – völlig egal, wie „erwacht“ wir sind. Aber wie wir damit umgehen, das kann gleich sein.

In unserer yogischen Praxis geht es darum, *Gleichmut* zu entwickeln. Einmal ist es so, einmal ist es so. Und beides darf da sein – aus dem einfachen Grund, weil es so ist, wie es ist. Wenn du so in der Welt bist, die Dinge so siehst, fällst du aus der Dualität. Und es stellt sich Frieden ein, der viel tiefer ist als dieses: „Heute *passt* alles, und deshalb geht es mir gut.“

Es sind dann dennoch Empfindungen da, aber du hast kein Problem mehr damit. Du lässt dich davon nicht beeindrucken, machst keine große Sache daraus. Und genau darin kannst du dich üben, während du Yoga-Asanas praktizierst.

Wenn du über einen langen Zeitraum in einer Position verweilst, bemerkst du vielleicht: „Oh, das fühlt sich heftig an, nicht mehr so gut wie vorhin ... jetzt gebe ich auf.“ Doch dann *bleibe* in dieser Haltung, nimm dich nicht raus aus diesem Prozess! Und auch wenn es teilweise sehr intensiv sein kann, was da abläuft – es kommt womöglich zu einem Zittern, Lachen, Weinen oder was auch immer – erlaube dir, dich weiter zu erfahren, ohne gleich auf alles zu reagieren.

Du hörst dir einfach so zu. Und irgendwann taucht vielleicht die Frage in dir auf: „Wer hört eigentlich die ganze Zeit das Geplapper meines Geistes? Wer bekommt das alles mit, was sich da abspielt?“ In dem Augenblick richtest du dich auf etwas aus, das *unberührt* ist von dem, was da passiert. Und dieses Etwas – „dein Herz" – ist das Einzige, was voller Frieden und beständig ist. All das andere kommt und geht ...

Im Yoga interessiert uns das, was *nicht* kommt und geht. Wir lassen uns, soweit uns das halt möglich ist, nicht versklaven von diesen Stimmungen – sie dürfen einfach da sein. Es hat eine gewisse Leichtigkeit, so mit den Dingen umzugehen.

Bist du heute steif, dann bist du heute steif ... aber du machst dennoch deine Übungen. Vielleicht kommst du nicht so tief hinunter bei einer Vorbeuge, okay, gut. Warum solltest du damit hadern? Dann *gehst* du halt nicht so tief. Du machst es einfach so gut, wie es geht.

Und das wird dir helfen, zu erkennen, dass es etwas in dir gibt, was *frei* ist von irgendwelchen Gemütsschwankungen oder körperlichen Empfindungen – was weder Körper noch Geist ist ...

KAUF DIR EIN LOS!

SCHÜLERIN: Ich sehne mich so sehr nach innerem Frieden und Stille. Ich weiß genau, dass das, was du sagst und was du lebst, auch *mein* Weg ist. Und ich kann fühlen, dass deine Worte wahr sind – aber ich habe einfach nicht die Zeit in meinem Alltag, zu praktizieren.

Daniel: Oh ... da geht es dir wie dem Mann in diesem *Witz,* der jeden Tag inbrünstige Gebete zum Himmel schickt: „Oh, bitte, lieber Gott, lass mich im Lotto gewinnen! Bitte, ich habe nur diesen einen Wunsch."

So geht das Jahr um Jahr, bis eines Tages aus dem Himmel eine Stimme ertönt: „Gib mir eine *Chance,* mein Sohn. Kauf dir ein Los!"

❦

MEDITATION STATT VOLLEYBALL

Schüler: Zur Zeit ist sehr viel los in meinem Leben. Meine Tage sind ausgefüllt mit verschiedensten Aufgaben, die mir auch am Herzen liegen – und so muss ich richtig darum kämpfen, dass ich am Abend noch meditieren kann.

Ich sehne mich nach Stille und würde gerne *entspannter* durch das Leben gehen, doch es ist einfach leider so, dass ich nicht den ganzen Tag „sitzen" kann. Kannst du mir einen Rat geben?

Daniel: Letzten Endes spielt es keine Rolle, ob du sitzt, liegst, stehst oder läufst – Stille ist *immer* da. Meditation ist nicht abhängig von einer bestimmten Form, von daher ist es nicht so wichtig, was du tust. Viel wichtiger ist, *wie* du es tust.

Viele Menschen reduzieren ihre Meditationspraxis auf das „Sitzen", und das ist wirklich schade. Denn so geben sie sich nur im Schneidersitz die Chance, „einfach zu sein". Und meist wird nicht mal *diese* Gelegenheit genutzt ...

Die Bewegung im Außen aufzugeben und für eine Weile still zu halten, ist sicherlich eine gute Möglichkeit dazu. Doch entscheidend ist: Was *ist* das für ein Geist, der dann „meditiert"?

Du musst sehr achtsam sein, um das mitzubekommen. Vielleicht ist es ein Geist, der sich nach Stille sehnt – der Stille „haben will"? Und weil er die Stille so sehr *will,* unterdrückt er alles, was nicht still ist.

Nach langer Konzentration wird sich dann vielleicht auch eine gewisse Ruhe einstellen, und der Körper entspannt etwas. Aber diese Ruhe ist keine Stille. Und sie wird dir relativ schnell wieder *entzogen,* wenn du in die Geschäftigkeit des Alltags zurückkehrst.

Auf diese Weise praktizierst du an der Sache vorbei, und du haftest lediglich einer bestimmten Form von Ruhe an.

Dennoch kann diese Ruhe sehr angenehm sein – gerade nach einem besonders hektischen Tag. Da ist dein Sitzkissen vielleicht wie eine kleine *Oase,* auf der du dich vom Alltag erholen kannst.

Meditation als Entspannung, als Regenerationsmöglichkeit, als Ausgleich zu einem stressigen Tag – das klingt doch toll, oder? Früher hat man *Volleyball* oder Tennis gespielt, heutzutage macht man Yoga und meditiert. Selbst unsere deutsche Fußballnationalmannschaft *schwört* mittlerweile auf Yoga, und Bayern München meditiert sich geschlossen in Richtung Champions League ... Hoffentlich klappt es dann endlich mal mit dem Titel! *(Lachen)*

Wenn du mit einer solchen *Haltung* praktizierst, dann sei dir bewusst darüber, was du da machst ... in welch begrenztem System du dich da bewegst.

Du benutzt „Meditation“, um besser im Alltag zu funktionieren! Doch so wirst du nie erfahren, dass Stille immer ist, egal ob du „sitzt“ oder durch das Leben läufst.

Stille hat nichts damit zu tun, immer nur völlig entspannt dazusitzen. So ist das Leben nicht! Du solltest daher auch auf dem Sitzkissen geeignete Bedingungen schaffen, dass sich ein natürliches *Gleichgewicht* zwischen Entspannung und Spannung einstellen kann. Und das formt sich, indem du dir einfach erlaubst, so zu sein, wie du bist – mit allem, was da ist.

Erlaube dir also durchaus, auch mal *unruhig* zu sein, während du sitzt. Dann wirst du früher oder später wirklich ruhig werden ... und in einer ganz anderen Tiefe entspannen. Und diese Haltung, diese *Akzeptanz* kannst du überall hin mitnehmen. Sie ist vollkommen unabhängig von dem, was du tust. Probiere es einfach aus ...

NICHTS AUSTAUSCHEN

Schülerin: Gerade in der letzten Zeit kommt bei mir, wenn ich Yoga mache, viel an die Oberfläche – viel Wut und Traurigkeit. Ich bemühe mich, durch meine spirituelle Praxis diese negativen Emotionen zu *transformieren.*

Doch irgendwie strengt es mich an und ich merke, wie sich mein oberer Bauch immer mehr verhärtet. Kannst du mir einen Rat geben, wie ich effektiver praktizieren kann?

Daniel: Ich sehe in deiner Praxis eine Gefahr, nämlich, dass du versuchst, Emotionen, die dir nicht passen, zu *verneinen* und durch etwas Angenehmeres zu ersetzen – aus Traurigkeit soll vielleicht Freude werden, aus Wut Liebe ... herzlich willkommen in der Welt der *Dualität!*

Doch viele Menschen praktizieren so: Wenn sie irgendwo verspannt oder blockiert sind, dann versuchen sie gleich, das *wegzudehnen.* Wenn sie wütend sind, machen sie sofort Übungen, um Liebe zu erzeugen.

Und das kultivieren sie auch in ihrem täglichen Leben: Jedes Aufflackern einer unangenehmen Emotion wird sofort unterdrückt, in einen bestimmten Bereich des *Körpers* gepackt, und anstatt einen strengeren Ton anzuschlagen, wird ein liebevolles Lächeln aufgesetzt.

Aber die Liebe, von der ich spreche, hat kein *Austauschen* nötig. Und in meinen Augen sind sogenannte negative Emotionen nichts Schlechtes. Man muss nur wissen, wie man sie da sein lässt und von ihnen lernen kann, ohne sich und seinem Umfeld dabei zu schaden.

Der Akt des Verneinens lädt enorm viel ein ... erzeugt viel *Leid.* Er ist ein

Zeichen dafür, dass du dich selbst nicht annimmst, dass du dich anders haben willst ... besser, spiritueller.

Lasse dich einfach so sein,
wie du bist. Tausche nichts aus! Die Wahrheit
kennt kein „besser“ oder „schlechter“.

Wenn du kommen und gehen lässt

Schüler: Ich versuche, deine Anleitungen umzusetzen und in meiner Meditation die Dinge einfach kommen und gehen zu lassen. Doch manchmal frage ich mich, ob das wirklich *genug* ist, um „ins wahre Sein zu fallen“. Ob ich nicht noch mehr machen kann ... oder ob ich es irgendwie anders machen muss.

Daniel: Du solltest eher *weniger* machen. Dein „Kommen und gehen lassen“ scheint mir eine Aktivität zu sein.

Es ist ein Unterschied, ob du die innere Haltung einnimmst,
dass Dinge einfach kommen und gehen dürfen, oder ob „du“ die Dinge kommen
und gehen lässt – in dem Sinne, dass du darüber bestimmst.

Wenn zum Beispiel Angst auftaucht in deiner Meditation, gibt es dann etwas in dir, was sagt: „Okay, Angst, ich habe dich gesehen. Jetzt kannst du wieder gehen“? Ist die Angst von selbst wieder gegangen? Oder hast *du* sie gehen lassen? Wenn du dich auf diese Weise einmischst, dann flüchtest du vor deiner Angst. Und dein Ziel, „ins wahre Sein zu fallen“, unterstützt sogar deine Flucht – es stellt eine perfekte Ablenkung dar.

Im Grunde steht *jedes* Ziel deiner Meditation im Weg. Weil es deinen Blick in die Zukunft lenkt. Doch wahres Sein ist nur im Hier und Jetzt ... und du sitzt mitten drin – auch in diesem Augenblick. Und dafür musst du nichts tun, sondern einfach nur mit dem sitzen, was ist.

Diese Offenheit, dieses uneingeschränkte *“Ja“* allem gegenüber ist bereits wahres Sein. Dann bist du an deinem Ziel angekommen, ohne dass du irgendwohin gelaufen bist. Du sitzt einfach im Hier und Jetzt und bringst deine wahre Natur zum Ausdruck.

Die Suche nach dem Raum

Schüler: Bislang habe ich mich in meiner Meditation darum bemüht, die Geistesobjekte zu ihrem Ursprung zurückzuverfolgen, damit sie sich auflösen können und ich diesen unendlich weiten Raum erfahre – doch irgendwie *gelingt* mir das nicht.

Wie muss ich praktizieren, um endlich anzukommen?

Daniel: Die meisten Menschen sind ständig auf der Suche, „müssen“ immer irgendwohin, ein Ziel erreichen.

Unsere Praxis hat kein Ziel – denn
es macht keinen Sinn, nach
etwas zu suchen, was bereits da ist,
was hier und jetzt ist.

Obwohl dir das vermutlich sofort einleuchtet, wird dein Ego diese Tatsache nicht akzeptieren.

Um ankommen zu können, empfehle ich dir, dein Ego in den Urlaub oder noch besser in den *Ruhestand* zu schicken – beispielsweise mit der Übung „Nimm die Geistesobjekte an, wie sie sind, und füge ihnen nichts hinzu“.

Wenn du das, was in deinem Geist erscheint, über längere Zeit nicht verfolgst und *kommentierst,* kann es sein, dass du plötzlich tief in dir fühlst: „Es ist gut, wie es ist – alles darf da sein“. Weil der Raum, der sich dadurch aufmacht, so unendlich groß ist und die Erscheinungen dagegen so *kurzlebig* und klein ...

Sobald du dich auf irgendetwas beziehst, fällst du aus diesem Raum heraus – und schon sitzt dein Ego wieder an seinem Arbeitsplatz und spielt sich als *Chef* auf. Und deine Gedanken, Emotionen und Gefühle werden riesig. Das Problem dabei sind nicht die Erscheinungen, sondern was du mit ihnen *machst,* auf deiner Suche nach dem unendlich weiten Raum.

ÜBER INTERESSE

Schülerin: In meiner Meditation gibt es zwei verschiedene Arten von Aufmerksamkeit. Die eine ist ein bewusstes Ausrichten auf das *Beobachten* und fast ein wenig anstrengend.

Es fühlt sich an, als ob etwas „getan" wird, um alles mitzubekommen: meinen Atem, meine Gedanken, die Umgebung, die anderen im Raum ... Das andere dagegen ist völlig ohne jede Anstrengung – ganz leicht und *selbstverständlich.* Die Dinge tauchen einfach auf, ohne dass etwas in mir sich darum „kümmert". Es ist so, als würde ich im einen Fall die Dinge ganz bewusst anschauen und im anderen einfach nur die Augen *offen* haben, und die Dinge kommen so herein ...

Was kann ich tun, um dieses „Offen sein" öfter zu erleben? Bis jetzt erfahre ich es meist nur, wenn ich vorher stundenlang Yoga gemacht habe.

Daniel: Du sagst, dass es dich manchmal anstrengt, wenn du versuchst, alles mitzubekommen. Wer oder was in dir hat solch ein *Interesse* daran, „alles mitzubekommen"? Und wer sagt dir, was „alles", „viel" oder „wenig" ist?

Wenn du viel Yoga gemacht hast, ist dieses Interesse offenbar nicht vorhanden. Und was du dadurch erfährst, scheint viel *nährender* zu sein als das, was sonst in deiner „Meditation“ abläuft.

Das, was da Ausschau hält und „mitbekommen will“, ist dein persönliches Bewusstsein. Es will wissen, was, wie und warum, es wertet und definiert, will begreifen, will sich‘s merken, will allem eine *Bedeutung* geben, so dass es „Sinn macht“. Sobald es ein persönliches Interesse gibt, beginnst du zu selektieren, du legst deinen *Fokus* auf irgendetwas und machst die Schotten dicht für alles andere.

Dein Interesse an der „richtigen Ausführung einer Meditationstechnik“ zum Beispiel führt dazu, dass du dich auf ganz bestimmte Dinge konzentrierst – und dich so von anderen Dingen abtrennst. Indem du es „richtig“ machen willst, machst du es „falsch“.

Es lässt sich tatsächlich gut mit deinem *Blick* vergleichen. Du kannst es ausprobieren, wenn du jetzt hier sitzt: Fixierst du eine Sache an, wird dein Blick scharf und *eng*. Dann siehst du diese eine Sache ganz genau – aber alles andere verschwimmt. Du bekommst nicht mit, was rechts und links von dir passiert.

Anders ist es bei einem weiten Blick: Da siehst du einfach, was da ist. Du nimmst zum Beispiel auch wahr, was die anderen Menschen hier im Raum gerade tun – auch wenn du sie nicht direkt anschaust.

In diesem Augenblick ist auch dein *Geist* weit. Du sitzt hier „mittendrin in allem“ – ohne Interesse an etwas Speziellem zu haben, ohne etwas auszublenden.

Durch diese Art zu praktizieren kann dein gesamtes Leben zur Meditation werden. Während du dich auf eine bestimmte Tätigkeit ausrichtest, bist du dennoch offen für das, was *sonst* noch da ist.

Es werden immer wieder Dinge in deinem Geist erscheinen. Doch du hast kein Problem damit. Du registrierst einfach, was kommt, aber du beziehst dich nicht auf diese Sache, du *verlierst* dich nicht darin.

Das heißt, wenn du eine Karotte schneidest, dann schneidest du und denkst währenddessen nicht über etwas anderes nach.

Wenn du nicht mehr allem, was auftaucht, *Interesse* schenkst, dann ist es dir gleich, was erscheint. Dann kann kommen, was will, und du bist dir einfach der Dinge gewahr.

Nichts in dir mischt sich ein, nichts stört. Da gibt es kein „Wissen wollen", es gibt nur ein „Da sein" – ohne dass die Dinge einen Sinn haben müssen. Das Dasein selbst ist der Sinn.

Und das fühlt sich enorm lebendig an. Weil du mit allem verbunden bist.

Du hast ja erfahren, dass diese beiden „Qualitäten" deiner Meditation etwas mit Spannung und Entspannung zu tun haben. Vielleicht kannst du aus dieser Erfahrung heraus das Vertrauen entwickeln, dass du ganz *natürlich* alles mitbekommst, wenn du einfach mehr entspannst.

Genau das sollte die Ausrichtung deiner Praxis sein, auf dem Sitzkissen wie im täglichen Leben: dieses *Gewahrsein* zu kultivieren – dieses „Nichts wissen wollen“, in dem alles Wissen liegt. Und dein Blick kann dir dabei helfen. Indem du ihn nicht zu sehr fokussierst, sondern einfach entspannt und offen lässt.

Dein Blick formt deinen Geist.

ZEUGE GESUCHT

Schüler: Wenn ich mich zum Meditieren hinsetze, sind da oft so viele Gedanken, dass ich gar nicht weiß, wo ich anfangen soll mit Beobachten *(lacht)* – und dann werde ich *noch* unruhiger. Aber vielleicht habe ich einfach noch nicht kapiert, was genau der Beobachter ist?

Daniel: Okay. Wer hat das entdeckt?

Schüler: Wer hat das entdeckt ...??

Daniel: Ja. Wer ist das, der *bemerkt* hat, dass all diese Gedanken und Fragen da sind und dich unruhig machen?

Schüler: Der Beobachter ...?

DANIEL: Genau. Das ist der Beobachter, dein innerer Zeuge. Das heißt, jemand oder *etwas* in dir sieht die ganze Zeit, was da alles abläuft, wie und was du spürst und denkst. Sonst könntest du es mir nicht so beschreiben.

Frage dich also: „Wer oder was sieht?"
Es ist ein Riesenschritt in der Praxis, wenn du das
wirklich durchdringst. Ein Riesending!

SCHÜLER *(schweigt)*

DANIEL: Es ist gut, dass du nicht gleich antworten kannst, dass du es nicht gleich greifen kannst. Und es geht auch nicht um eine Antwort, zumindest nicht im intellektuellen Sinn. Es geht darum, dass du dich als *Sehenden* erkennst.

Sei einfach bei allem, was du tust, vollkommen wach und präsent – dieses „Zeuge sein" *ist* bereits Meditation. Und das ist nichts, was du „kapieren" kannst.

KLARE AUSRICHTUNG

SCHÜLERIN: Zur Zeit ist es sehr schwierig für mich. In der letzten Yogastunde mit dieser langen Phase von nur Stehen, nur Sitzen, nur *Atmen* war es für mich ganz schwer, bei mir zu sein. Ich habe unheimlich viel mit mir *gekämpft*. Es bricht gerade alles zusammen. Es macht auf dem Weg keinen Spaß, außerhalb des Weges keinen Spaß. Ich fühle mich irgendwie *unrein* und unwürdig, die Verbindung zu Gott zu suchen. Ich frage mich, was ich auf dem inneren Weg überhaupt zu suchen habe, wenn ich nicht einmal einen Moment ruhig stehen kann. Ich habe auch heute sehr gekämpft, hierher zu kommen.

Daniel: Lasse all das, was sich in dir abspielt, kommen und lasse es gehen. Versuche nicht, dagegen anzukämpfen. Du kannst es eh nicht aufhalten. Hast du schon einmal im Meer versucht, dich den *Wellen* entgegenzustellen, um sie aufzuhalten? Du hast keine Chance! Es besteht lediglich die Gefahr, dass sie dich umwerfen und mitreißen. Lenke deinen Fokus nicht so sehr auf deine Gedankenwellen, die dich ins Wanken bringen und verunsichern. Sondern auf das in dir, was all diese inneren Abläufe *beobachtet:* dass du zum Beispiel sehr in Gedanken bist, dass du wertest: „Im Augenblick sein ist besser", und dass deswegen ein Kampf in dir entsteht ...

Dieser innere Zeuge, der all das
registriert, der ist völlig unberührt von all dem.
Also richte dich auf diesen Zeugen aus!

Schülerin: Kann man nur frei werden, wenn man den Geist *beiseite* lässt und ihn nicht beachtet?

Daniel: Was meinst du mit „Nicht beachten"? Du machst eine wegschiebende Handbewegung. Dazu würde ich sagen: Nein. Der Weg, den ich empfehle, ist nicht, Gedanken *wegzudrücken,* sondern sie zuzulassen.

Du lässt die Gedanken kommen und bleibst dabei einfach bei deinem Atem. Und indem du ihnen nichts hinzufügst, kannst du erfahren, dass sie auch wieder verschwinden.

Du aber fühlst dich offenbar sehr *angezogen* von diesen Gedanken, die dich klein machen, die dir sagen: „Du kannst ja nicht mal eine Minute still stehen – so wird das mit „Frei sein" nie etwas!" Höre nicht auf den, der das sagt, traue dem doch nicht! Der geschäftige Geist hat doch gar keine *Ahnung* davon, was „Frei sein" ist.

Dein Selbst ist bereits frei – es ist
nur überlagert von diesem ganzen Geplappere.
Du erfährst dein „Frei sein" nur
deshalb nicht, weil du es zulässt, dass deine
Gedanken so viel Raum einnehmen.

Schülerin: Zur Zeit habe ich sogar Probleme damit, zu beten, weil ich mich so *unrein* fühle.

Daniel: Manche Religionen oder besser gesagt, manche „Geistliche" predigen, dass wir alle Sünder sind. Wenn du das *glaubst,* wirst du dich immer irgendwie schuldig und unrein fühlen. Aber ich sage dir, identifiziere dich nicht damit.

Dich von deinem Geist versklaven zu lassen und zu glauben, dass du nicht *würdig* bist, zu beten, ist die pure Selbstkasteiung. Meinst du wirklich, dass das „Gottes Wille" ist?

SCHÜLERIN: Aber das Gefühl, unrein zu sein, ist ja jetzt da. Wie gehe ich konkret damit um?

DANIEL: In dem Augenblick, wo dieses Gefühl da ist, mache dir *bewusst,* dass du dich gerade mit deinem geschäftigen Geist identifizierst.

Bemerke einfach die Funktion deines Geistes: Er produziert Gedanken. Manche mögen schön und nützlich sein, andere sind es nicht. Doch das Problem ist nicht der einzelne Gedanke.

Das Problem ist, dass du ihm besondere *Aufmerksamkeit* schenkst, jedem Gedanken eine Kette von weiteren Gedanken folgen lässt und dich im diskursiven Denken verlierst. Und du verlierst dich darin, weil du in dem Moment keine klare *Ausrichtung* hast.

Richte dich auf den inneren Zeugen aus und lasse Gedanken Gedanken sein ... dann wirst du dein wahres Selbst, deine Reinheit *unmittelbar* erfahren.

Wenn du das Gefühl hast, darüber hinaus irgendetwas tun zu müssen, um dich zu reinigen, gibt es die unterschiedlichsten Übungen und Zeremonien: von Sonnengrüßen oder Niederwerfungen bis zu Füße und Hände waschen ... Manche

Menschen glauben, dass sie sich erst die Zähne putzen müssen, um „rein“ sprechen zu können. Solche Dinge können dir helfen, deinen Körper und deinen Geist zu *beruhigen* und zu reinigen. Auf einer anderen Ebene sage ich dir, dass das alles ein großes Theater ist. Weil du im Inneren rein bist und schon immer rein warst.

Und wenn du nicht anfängst, dein
Leben nach diesem „Reinen“ in dir auszurichten,
dann kannst du dich waschen,
soviel du willst – es wird dir nicht viel nützen.

SCHÜLERIN: Nichts anderes will ich! Ich möchte mich so ausrichten, einfach nur dienen ... für Gott da sein.

DANIEL: Du brauchst nicht für *Gott* da zu sein. Gott ist für dich da! Er braucht deine Hilfe nicht, Gott ist vollkommen. Doch du kannst dir von ihm helfen lassen. Du kannst als sein Handwerkszeug deinen *Beitrag* im Leben leisten.

Aber du tust es nicht für Gott, du tust es für dich – weil du dich danach sehnst, das „Verbunden sein“ mit ihm zu spüren. Damit du aufhörst zu leiden ...

Also folge deiner *Sehnsucht,* und je mehr du das tust, desto mehr wirst du dienen. Gib dich deinem Leben hin!

HIER SEIN IST GENUG

Schülerin: Das, was ich hier bei diesem Retreat erfahre – die Offenheit und Achtsamkeit untereinander, und auch diese Ruhe und Entspannung ist für mich ganz neu und sehr kostbar. Doch ich merke immer wieder, dass ich gedanklich schon ein paar Tage *weiter* bin ...

Ich wünsche mir, dass ich das alles auf mein Leben zu Hause übertragen kann, doch mir ist noch nicht klar, wie ich das schaffen soll. Zum anderen beschäftigt mich auch, ob ich nicht durch diese Offenheit jetzt so weich und verletzlich bin, dass andere in meinem Umfeld dann wieder beginnen werden, mich „aufzufressen". Das sind so zwei Prozesse, die in mir *brodeln* – wo ich merke, dass mein Geist dann sofort wieder hektisch wird, alles hinterfragt und mich wieder total aus der Balance bringt. Kannst du mir einen Rat geben, wie ich mit all dem umgehen kann?

Daniel: Du hast offenbar in den Tagen hier schon ein gutes Handwerkszeug bekommen, wie du damit umgehen kannst: Du *entdeckst* den unruhigen Geist. Vielleicht kannst du feststellen, dass bei allem, was du sagst, Bewusstsein da ist. Du bist dir deiner inneren Prozesse bewusst – auch der Hürden bewusst. So können dir die Hürden überhaupt nichts anhaben.

Denn in dem Augenblick hast du in gewisser Weise die *Wahl:* Du kannst weiterdenken, aber du kannst auch deine Aufmerksamkeit wieder zurück auf das Hier und Jetzt lenken.

Es kommt darauf an, auf was du dich ausrichtest – auf die Hürden oder auf dein „Hier sein". Aufs Denken oder aufs *Spüren.* Das ist deine Entscheidung.

Solange du im Spüren bleibst, bist du im Hier und Jetzt. Und jede Hürde, die auftaucht, hilft dir, zu erkennen, dass du es gerade nicht bist.

Die Hürde ist nicht dein Gegner, sondern eine tolle Erinnerung daran, wieder in die Natürlichkeit deines Atems zurückzukehren ... in eine „feinere Schwingung", die dich das Hier und Jetzt intensiv erleben lässt.

Das heißt, du lässt im Grunde Hürde Hürde sein. So schaffst du die besten Voraussetzungen dafür, dass Dinge sich klären können und du in deiner *Balance* bleibst. Daher verliere dich nicht in diesen Denkprozessen!

Wenn du Gedanken nachhängst wie „Das will ich nicht verlieren, das will ich mit in meinen Alltag nehmen", bringst du wieder die Zukunft mit hinein. Und im selben Moment *verlierst* du diesen Frieden, der jetzt ist ... diese Offenheit. Du verschließt dich wieder. Doch indem du diesen Prozess, diese Dynamik erkennst, durchschaust du dein mentales Gefängnis. Und das ist der *Schlüssel* in die Freiheit.

Deswegen empfehle ich dir, genauso weiterzumachen, wie du es hier getan hast. Und so wie jetzt gerade auch, diese Bedenken und Ängste zuzulassen. Versuche einfach, es mitzubekommen, wenn *Unruhe* in deinem Geist auftaucht. Du musst nichts daran ändern – nur bemerken, dass das in einer bestimmten Stärke kommt, und dass dein Körper darauf reagiert. Wenn du jedoch meinst, du musst etwas *tun,* bist du schon wieder in deinem Denken gefangen: „Nur wenn ich ganz friedlich bin und mich nichts mehr beschäftigt, ist alles gut. Dann bin ich in Balance."

Diese Haltung ist verneinend und gibt einem Gedanken die Chance, dich ins Ungleichgewicht zu bringen. Und daher wird er dich auch *stören,* wenn er dann auftaucht, und du gerätst ins Wanken ...

Doch interessiert es den Gedanken, ob du dich gestört fühlst oder nicht? Er *erscheint* einfach und ist da. Und so werden dich immer wieder mal Gedanken, Bilder, Emotionen und Gefühle besuchen.

Deshalb ist es sehr sinnvoll, all dem mit einer offenen Haltung zu begegnen – es einfach da sein zu lassen, in dem Vertrauen, dass es *okay* ist, wie es ist. Auf diese Weise wird sich etwas formen, und du kannst erfahren, dass dieses „Formen" bereits Balance schafft. Nicht nur in dir, sondern zwischen dir und anderen Menschen, auch hier überall, in der Natur.

Das Leben ist ein ständiges *Spiel* von „In Balance kommen". Dieser innere Prozess hilft dir also. Und warum solltest du ihn unterbinden? Weil dir dein „Da sein" nicht gefällt?

Die meisten Menschen wollen, dass die ganze Zeit nur die Sonne scheint. Aber so ist es nicht. Ist es nun „schlecht", dass Wolken da sind? Das interessiert weder die Wolken noch die Sonne. Wolken werden sich immer vor die Sonne schieben, ob uns das *passt* oder nicht. Und sie fragen uns auch nicht, ob uns das recht ist! „Entschuldigung, darf ich kurz ...?" – „Ist es so besser?" Nein, sie tun es einfach. Wenn sie sich entladen müssen, dann regnet es. Ist Regen dann besser oder schlechter als Sonnenschein? Es ist so, wie es ist. Das ist Fakt. Und wenn wir der Überzeugung sind, dass wir unsere persönliche *Meinung* zu all dem haben müssen – ja, okay, auch das darf sein.

Doch eins ist sicher: Wenn wir uns zu sehr mit unserer Meinung identifizieren, erzeugt das viel Leid. Dann glauben wir vielleicht, jede Wolke *„wegpraktizieren“* zu müssen, indem wir sie verneinen – in der Hoffnung, dass irgendwann nur noch die Sonne scheint.

Man kann das versuchen. Ich habe allerdings noch keinen gesehen, dem es gelungen ist. Doch ich kenne Menschen, die in einem vollkommenen *Frieden* sind, indem sie die Dinge annehmen, wie sie sind ... und dadurch erkennen, dass die Sonne einfach immer scheint. Das ist zumindest ein Weg, der funktioniert, da bin ich mir ganz sicher. Und du kannst das jetzt und *immer* ausprobieren ...

NIMM NICHTS MIT

Schülerin: Hier in der Ruhe dieses Retreats erlebe ich wieder einmal, dass es möglich ist, die Dinge so zu sehen und anzunehmen, wie sie sind und nicht, wie ich *meine,* dass sie sein sollten. Dieser tiefe Frieden ist so kostbar! Doch zu Hause habe ich einfach selten die Zeit, so zu praktizieren. So bewusst und intensiv, wie ich hier alles mitbekomme und fühle – jeden Tag, jede Stunde, jede Sekunde – ist es im täglichen Leben nicht möglich, weil einfach außen herum viel zu viel ist, was auf mich einprasselt.

Wie kann ich das, was ich hier erfahre, *mitnehmen* und noch mehr in meinen Alltag bringen?

Daniel: Einerseits ist es völlig nachvollziehbar, was du sagst. Andererseits hat deine Haltung einen Haken.

Denn genau diese *Sichtweise* ist es, die dich da gefangen hält. Auch wenn es deiner Erfahrung entspricht, dass du den inneren Frieden verlierst, sobald du in die Geschäftigkeit des Alltags zurückkehrst, solltest du nicht davon ausgehen, dass es diesmal *wieder* passiert. Sonst gibst du dem Jetzt keine Chance und auch nicht dem, was in der Zukunft sein könnte. Es besteht dann die Gefahr, dass es genau so läuft, wie du gemeint hast, dass es läuft.

Du wirst immer das erleben, was deinem Denken entspricht. Deswegen *achte* darauf, was dein Geist macht! Der gewöhnliche Geist, der sich darauf stützt, wie es war, wird dich das Vergangene immer wieder erleben lassen. Daraus folgen Wiederholungen, Muster ... ein Fehlen von innerem Frieden.

Nicht, dass der innere Frieden wirklich *fehlt* – du nimmst ihn nur nicht wahr. Weil dein Geist vielleicht „Frieden" koppelt an eine bestimmte Form von Ruhe, an Harmonie, ein liebevolles Miteinander, an Sonne ... Doch es gibt auch Wolken und Regen. In diesen Tagen hier hat es oft genug geregnet! Wurde der innere Frieden davon gestört? Nein – denn es geht nicht um eine bestimmte Form! Es geht um eine vollkommene *Akzeptanz* von dem, wie die Dinge sind. Und der Frieden, der sich dadurch offenbart, ist immer derselbe, ob die Sonne scheint oder es regnet, ob viel los ist oder wenig.

Wir haben hier eine andere Ruhe als zu Hause, das stimmt. Und dadurch reduzieren wir die „Einladungen" an unseren Geist, sich in *Äußerlichkeiten* zu verlieren.

Doch Ruhe ist nicht dasselbe wie Frieden – denn der ist immer da. Es mag sein, dass du es bisher nicht so erfahren hast. Doch erkenne die *Dynamik* deines Geistes ... und du wirst dem einen Schritt näher kommen.

Gib deiner Zukunft eine Chance –
indem du sie nicht von vornherein beeinflusst
durch die Art, wie du denkst.

Was dann passiert, wird sich zeigen. Und das steht nicht jetzt schon fest. Weil *du* es nicht vorherbestimmst ...

Sei einfach achtsam, in deinem Alltag ganz genauso wie hier, ob du aus dem Frieden eines offenen Geistes heraus handelst oder ob da etwas aus deinem *konditionierten* Geist, aus Vergangenem mit hinein kommt.

Und wenn du merkst, dass etwas hineingekommen ist, dann solltest du dir das selbst „verzeihen". Der nächste Moment wartet bereits darauf, gelebt zu werden.

Wir bekommen immer wieder Chancen – und wenn wir *jetzt* etwas nicht verstehen, erkennen, erfahren, dann braucht es halt noch ein paar Jahre. Dass Erkenntnis stattfinden wird, ist ganz sicher.

Erlaube dir einfach, dich in jedem
Augenblick zu erneuern.
Es gibt nichts mitzunehmen. Jedes Mitnehmen
ist ein Ballast. Lasse alles hier!

Und diesen Ballast jetzt abzuschütteln, ist sehr gut. Auch für deinen Körper – für deinen Nacken ...

Die Impulse, die hier gesetzt wurden, *werden* etwas verändern. Das passiert von ganz allein. Daher musst du nichts mitnehmen – nicht festhalten an irgendwelchen Erfahrungen. Ruhe einfach in dieser offenen Geisteshaltung, in diesem Gewahrsein, das wir hier kultiviert haben.

Nur weil dein physischer Körper den Ort
verändert, verändert sich doch das
Gewahrsein nicht. Gewahrsein „ist" – hier und
gleichzeitig zu Hause, immer und überall.

Wahres Verstehen

In meinen Augen ist es genug,
einfach Mensch zu sein
und den Mut zu haben, dich selbst
tief zu erleben – *unzensiert* von
„göttlichem“ Verständnis.

UNZENSIERT VON SPIRITUELLEM VERSTÄNDNIS

SCHÜLERIN: Nach vielen Jahren spiritueller Arbeit habe ich ein tiefes Verständnis für das menschliche Leid gewonnen und für die große göttliche *Wahrheit,* die uns alle verbindet. Dieses Verständnis hilft mir, die Stimmigkeit von allem zu erkennen, im Einklang zu sein mit dem, was in meinem Leben passiert und auch Menschen zu akzeptieren, die noch dem Ego verhaftet sind – auch wenn es teilweise sehr *anstrengend* und schwierig ist. Doch ich stelle fest, was auf der emotionalen, menschlichen Ebene abläuft, kann mich nicht mehr *treffen* ... mein tiefer Frieden auf der spirituellen Ebene wird dadurch nicht gestört.

Nun würde ich gerne auch andere auf diesem Weg begleiten und beraten, damit mehr Menschen das Göttliche in sich erkennen und verwirklichen. Kannst du mir dazu etwas sagen?

DANIEL: Ein *Verständnis* von „göttlicher Wahrheit" zu haben, ist nicht dasselbe wie „Wahrheit zu leben". Im Gegenteil, es kann auch dazu benutzt werden, etwas in sich nicht sehen oder fühlen zu müssen – vielleicht aus Angst vor Verletzungen.

In meinen Augen ist es genug, einfach
Mensch zu sein und den Mut zu
haben, dich selbst tief zu erleben – unzensiert
von „göttlichem" Verständnis.

Ist der Frieden, von dem du sprichst, wirklich dein unmittelbares *Erleben* in dem Augenblick? Oder ist es ein von deinem gewöhnlichen Geist gemachtes Gefühl?

Angenommen, jemand provoziert dich und du fühlst, wie etwas in dir aufsteigt, was du als „Wut" benennst zum Beispiel ... sind dann gleich bestimmte Gedanken da? „Ich habe ja *Verständnis* für diesen Menschen und seine Situation, und in der göttlichen Ordnung hat schon alles seinen Sinn, und außerdem bin ich nicht Körper und nicht Geist, ich bin nicht meine Emotion – also sollte ich nicht wütend sein."

Zunächst war die Emotion ganz rein. Doch sie wird sofort „gefärbt" – verändert durch das Überlagern mit einem spirituellen *Konzept,* wo alles stimmig und im Frieden ist. Was ja der Wahrheit auch tatsächlich entspricht. Aber in dem Moment keine *gelebte* Wahrheit ist! Das Tückische ist:

Je mehr du an einem guten spirituellen Verständnis arbeitest, viele Bücher liest zum Beispiel, desto größer ist die Gefahr, dass alles, was in dir aufsteigen will, sofort den passenden spirituellen „Deckel" bekommt.

So schnell, dass du es vielleicht gar nicht bemerkst. Schon das allererste Aufflackern einer „unpassenden" Emotion lässt deinen Geist aktiv werden, um sie irgendwie wegzudrücken.

Und es ist sehr *geschickt,* wenn er sich dabei des „Wahrheits-Konzeptes" bedient. Es ist ja tatsächlich so, dass du nicht Körper und nicht Geist bist. Doch wenn du dir diese Tatsache nur *einredest* und dann auch noch schlussfolgerst, dass deshalb deine Emotionen bedeutungslos sind, dann nutzt du „Wahrheit“ lediglich als Vorwand, dich nicht mehr fühlen zu müssen!

Und dieses in sich stimmige Konzept von Wahrheit kannst du dann als mächtiges *Schutzschild* vor dir hertragen, von dem sich sicherlich viele blenden und einschüchtern lassen – so dass dich nichts mehr berühren, dich niemand mehr treffen kann. Letztendlich nur eine neue Form eines alten Musters. So *raffiniert!* Du lebst dann in deiner heilen „Spiri-Welt“ und glaubst, du sitzt in Wahrheit. Doch in Wahrheit sitzt du nur in deinem spirituellen Konzept.

Es braucht große Achtsamkeit und Ehrlichkeit
dir selbst gegenüber, um es zu erkennen,
wenn dein Fühlen und Handeln nicht unmittelbar ist,
sondern einer Geistesaktivität entspringt.

Dein Verständnis mag auf Erkenntnissen erleuchteter Meister und auch auf manch eigener Erfahrung beruhen.

Doch wenn du meinst, jetzt hast du *verstanden,* was Wahrheit ist und aus diesem Konzept heraus andere „belehrst“, dann redest du an der Sache vorbei – weil du in dem Moment nicht „Wahrheit bist“. Daher ... andere spirituell beraten? Schwierig! Dein unmittelbares Erleben *teilen* – viel besser!

Es kann sein, wenn man ganz ehrlich wird, dass man dann von seiner „heiligen

Weisheitswolke" heruntersteigen muss. Und genau durch dieses Loslassen von allen spirituellen Idealvorstellungen wird man einfach *Mensch*. Von vielen großen Lehrern wird berichtet, dass sie ganz „normale", authentische Menschen sind oder waren.

Der Zen-Meister Shunryu Suzuki Roshi betonte, dass wir auf dem „spirituellen Weg" nicht zu *idealistisch* sein sollten, weil sonst das Ideal und unsere tatsächliche Fähigkeit zu weit auseinanderklaffen. Und dann besteht die Gefahr, dass man die ganze Zeit frustriert ist – oder sich eben selbst etwas *vormacht*. Sei also ruhig etwas weniger idealistisch und der Wahrheit einfach so nah wie möglich.

Sobald du dich mit einem Ideal identifizierst, leugnest du Prozesse, die in dir ablaufen. Die aber *wichtig* für dich sind – um eine bestimmte Sache tiefer zu durchdringen vielleicht oder um dich auf etwas vorzubereiten, was auf dich wartet, keine Ahnung ...

Völlig egal, wie viel Verständnis du hast – in meinen Augen hast du immer die *Verpflichtung*, mit dem zu sein, was du fühlst. Nicht, um das Verhalten eines anderen zu erklären, zu beurteilen oder diesen Menschen zu "beraten", sondern um *dich* selbst zu erfahren in Verbindung mit ihm. Dich ehrlich zu ergründen, immer wieder neu – das ist spirituelle Arbeit. Weil sie der Verwirklichung dient, nicht dem Verständnis.

Es ist hilfreich, Erleuchtung als
Bewegung zu verstehen, nicht als starres Bild,
als Stillstand. Du kannst dich nur
in jedem Augenblick neu verwirklichen.

Und dadurch teilst du dann *Wahrheit* auch mit anderen – das passiert von ganz allein.

❦

ERKENNE DEINE TENDENZEN

Schüler: Ich habe mich jahrelang nur mit meiner Karriere beschäftigt und bin da teilweise gnadenlos über andere Menschen und auch über mich selbst hinweg gegangen.

Doch inzwischen habe ich einen anderen Weg eingeschlagen. Seit einigen Jahren übe ich Hatha Yoga. Und je mehr *Fortschritte* ich da mache, desto größer wird mein Wunsch, mich noch mehr meiner spirituellen Praxis hinzugeben und mich vom Ego zu *befreien.* Doch ich frage mich, was ich noch tun könnte ...

Daniel: Deine „spirituelle Praxis" ist lediglich eine *Gegenbewegung* – eine Reaktion auf eine vergangene Aktion, die sich aber im selben begrenzten System ereignet. Du wechselst nur die *Seiten,* die voneinander abhängig sind und voneinander motiviert werden. Deine Aktivität wird die Probleme in deinem Leben nur verschieben, aber nicht lösen.

Es mag sein, dass du dich für eine Weile etwas befreiter fühlst. Doch du bist so nicht frei. Du handelst aus dem *Spannungsfeld* heraus, das du aufbaust durch deine *Tendenzen* ... deine Art, dich immer wieder auf Dinge in deinem Leben zu beziehen. So führst du auch deine „spirituellen Übungen“ im Rahmen deines persönlichen Programms aus – in der Hoffnung auf Befreiung.

Im Grunde gibt es
nichts Egoistischeres als den Wunsch,
sich vom Ego zu befreien.

Alles, was du dadurch zeigst, ist Teil einer konditionierten Existenz, in der du dich zeitlich begrenzten Freuden hingibst. Das Beste ist, dass du das *Hauptproblem* löst:

Erkenne deine Tendenzen, erkenne, wie sie ein „Verbunden sein“ verhindern ... und richte dich auf den *Atem* aus.

EIN GEIST, DER VERSTEHEN KANN

Schüler: Ich fühle mich sehr angezogen von dem, was und wie du sprichst. Doch manchmal sagst du etwas, was mich total *trifft* und tief berührt, aber was ich nicht wirklich verstehe. Und ich wünschte, du würdest es mir mehr erklären.

Ich möchte wirklich ein besseres Verständnis für diese Praxis bekommen, aber ich weiß nicht, wie.

Daniel: Viele Menschen wollen die Wahrheit verstehen – nur haben die meisten Menschen einen Geist, der sie nicht verstehen *kann.* Unsere Übung ist es, einen Geist zu kultivieren, der uns Wahrheit erfahren lässt.

Ein Lehrer wird auf unterschiedlichste Weise versuchen, dich aus dem gewöhnlichen Geist hinauszuwerfen. In dem Augenblick, wo das geschieht, befindest du dich im Freiflug fernab deiner Konzepte von der Welt – eine mögliche Chance, zu erwachen.

Wenn du dich jedoch bei so einem intensiven Impuls sofort wieder an „Altbekanntes“ klammerst und mit deinem gewöhnlichen Geist nach *Erklärungen* für seine Worte und sein Verhalten suchst, hast du diese Chance vertan.

Es geht mir nicht darum, deinen „Hungergeist“ zu füttern. Meine Aufgabe als Lehrer ist es, dich immer wieder aufzuwecken, dich in *Kontakt* mit Wahrheit zu bringen. Je mehr du aber an deinem Ego hängst, desto mehr wirst du leiden – weil jeder Weckruf dein Ego stören und *bedrohen* wird. Es wird kämpfen, jedesmal nach dem Warum fragen und dankbar jede mögliche Erklärung aufsaugen, so dass es noch größer und stärker werden kann.

Manchmal ist es sehr sinnvoll, keine Erklärungen zu geben. So dass du nicht auf *herkömmliche* Art „verstehen“ kannst. Es gibt genug Menschen, die zum Beispiel durch Bücherwissen ein gutes Verständnis von Wahrheit erlangt haben – doch spielt sich dieses „Verstehen“ nur in ihrem Kopf ab. Und so folgen sie einem Lebensweg, der vielleicht als *Konzept* in sich stimmig ist, sich aber nicht von Augenblick zu Augenblick offenbart. Das ist ein Weg des Egos.

Wenn du also meinst, du hast etwas verstanden, dann stelle dir diese beiden Fragen: Wer versteht? Und wer *sieht* denjenigen, der meint, zu verstehen?

In dem Augenblick, wo du aus deinem gewöhnlichen Geist fällst und keine Antwort parat hast, machst du die „Bekanntschaft“ mit einem nicht gewöhnlichen Geist – einem Geist, der *still* ist und als Einziger die Wahrheit kennt.

Wenn du zu sehr auf Erklärungen aus bist, zeigt das, dass du noch kein wahres Verständnis für diese Praxis hast.

Es kann sein, dass manchmal dein Ego durch meine Worte angegriffen wird und deine *Abwehrmechanismen* in Kraft treten. Doch dann erlaube dir, aus dieser alten Dynamik auszusteigen, dich zu befreien von all den Dingen, die ein wahrhaftiges Dasein verhindern – indem du auftauchende Gedanken einfach an dir vorbeiziehen lässt. So schaffst du die besten Bedingungen für einen Geist, der versteht.

Wenn du dich jetzt für diese Worte und was mit ihnen mitschwingt öffnest, dann wird das etwas in dir *wachrufen* – in einer Tiefe, die der gewöhnliche Geist nie erreichen kann.

In dieser Tiefe offenbart sich alles von ganz allein. Und du erfährst unmittelbar, dass Wahrheit hier und jetzt ist.

IN RICHTUNG FINGER

Schüler: Deine Worte berühren mich sehr. Ich habe auf meinem Weg schon viele unterschiedliche Richtungen ausprobiert. Doch hier habe ich zum ersten Mal das Gefühl, endlich *zu Hause* zu sein.

Was ist das, was mich hier ankommen lässt – im Vergleich zu anderen Herangehensweisen?

Daniel: Lasse uns nicht über die verschiedenen *Finger* reden. Lasse uns weiter in die Richtung blicken, auf die all die Finger zeigen ... *(Stille)*

❦

Das 8. Kapitel

In der Welt, aber nicht von der Welt

Wenn wir ständig der göttlichen Präsenz *gewahr* sind, während wir hier in der physischen Realität leben und wirken, dann beherrschen wir die Kunst, Spiritualität zu *leben* ... yogische Lebenskunst.

IM AUGENBLICK ANKOMMEN

Schülerin: Du sprichst häufig von diesem Satz *„Just now is enough"*, und er hilft mir, im Alltag immer wieder aus diesem „Hamsterrad" auszusteigen ... all das gehen zu lassen, was mich an- und umtreibt.

Doch du sagst auch, dass es wichtig ist, in die eigene *Verantwortung* zu kommen und der Herzenssehnsucht zu folgen. Wird dadurch dieser Satz nicht in Frage gestellt?

Daniel: Es gibt viele kraftvolle Sätze von großen Lehrern. Entscheidend ist, zu verstehen, wie man mit solchen Sätzen wirklich *praktiziert* ... so dass sie ihre Kraft entfalten können und wir ihre Wahrheit unmittelbar erleben.

Dieser Satz „Just now is enough" meines Lehrers Baker Roshi ist für viele sehr anziehend ... vielleicht auch, weil sie das Gefühl angenehm finden, dass sie eigentlich nichts tun, nichts *ändern* müssen – „weil ja alles schon da ist".

Doch ist das wirklich so? Entspricht es deiner Erfahrung?
Schau in dich hinein und *überprüfe,* ob für dich das, was ist, genug ist. Und du solltest da sehr ehrlich mit dir sein. Weil sonst die Gefahr besteht, dass du dir das lediglich einredest.

Dieser Satz kann alle möglichen *Wirkungen* haben. Doch er sollte nicht dazu verleiten, nicht mehr auf die innere Stimme zu hören.

Wenn da eine tiefe Sehnsucht in dir ist,
kannst du sie dir nicht ausreden, indem du dir sagst: „Ach, lass mal.
Just now is enough – passt scho' ...“ – Das funktioniert nicht!

Im Gegenteil: Dieser Satz vermag es, dich in unmittelbaren Kontakt zu bringen mit dem, was in dir ist und gelebt werden will – in *diesem* Augenblick.

Du sagst, dass diese Worte dir helfen, aus dem „Hamsterrad“ auszusteigen. Im selben Moment, wo es dich da herauswirft, kannst du bemerken, wie du in etwas anderes hineinfällst, was nicht „Hamsterrad“ ist: Und das ist die Schönheit und *Kostbarkeit* davon, das Leben unmittelbar zu erfahren. Dich beschenken zu lassen von diesem einen Augenblick – von allem, was er für dich bereit hält ...

Es mag sein, dass du dann einfach dasitzt und strahlst. Vielleicht eröffnet sich dir auch die Möglichkeit, vollkommen in einer bestimmten *Aktivität* aufzugehen und auf diese Weise deinem Herzen Ausdruck zu verleihen.

Bei vielen ist es jedoch so, dass die Sehnsucht in die eine Richtung geht und sie selbst gehen woanders hin. Und dann fühlen sie sich irgendwie *verloren* und wissen gar nicht, was eigentlich los ist mit ihnen. Denen sage ich: „Schau einfach, wo du stehst, und schau, wo deine *Sehnsucht* ist. Und jetzt bewege dich und mache dich auf in diese Richtung!“

Wenn du aus dem „Verbunden sein“ mit deinem Inneren heraus handelst, erlebst du, dass jeder Augenblick ein *Ankommen* ist – ein „Vollkommen sein“, wo nichts fehlt, wo du eins bist mit deiner Herzenssehnsucht. Und dieses „Vollkommen sein“ ist potentiell immer da. Je häufiger du so mit diesem Satz praktizierst, desto mehr wird es zu einer „Gewohnheit“, den Augenblick so zu erfahren. Es wird ganz *selbstverständlich,* so zu sein. Dann ist es völlig egal, ob du still dasitzt oder aktiv in deinem täglichen Leben bist. Dann ist alles ein Ankommen im Hier und Jetzt.

Schülerin: Und was ist dann mit dieser Sehnsucht? Ist die dann nicht mehr da?

Daniel: *Sehnsucht versucht, uns irgendwohin zu bringen. Wenn wir schon dort sind – müssen wir dann noch irgendwohin?*

Wenn wir im Augenblick ankommen, gibt es keinen besseren Ort, es gibt keinen besseren Zeitpunkt, nichts, was wir noch erreichen müssten. Wir müssen nicht die Wahrheit erforschen oder etwas dergleichen. Wir *sind* ja mitten in der Wahrheit.

DIE LEBENSAUFGABE FINDEN

Schülerin: Wie erkennt man seine Lebensaufgabe? Muss man da *kreativ* werden oder ist das etwas, was einem „gegeben“ wird?

Daniel: Ich glaube, beides ...

So wie ich es erfahre, ist da eine Stimme in mir, ein
starker Impuls ... etwas, das weiß, was in mir gelebt werden will.
Sobald ich da hinhöre, bekommt das eine enorme Kraft.
Und es verlangt nach einem Ausdruck – in welcher Form auch immer.

Meditation hilft uns, das, was uns im Innersten bewegt, tief zu erleben. Doch um es in die Welt zu bringen, es in den *Lebenskontext* fließen zu lassen, in dem wir stehen – für diesen Schritt braucht es dann viel Kreativität.

Du sagst „kreativ werden“ – im Grunde ist das nichts, was wir im klassischen Sinne „tun“ können. Sondern ein Prozess, der sich in uns ereignet, wenn wir uns dieser inneren Kraft anvertrauen und ihr viel Raum geben ... so dass sie wirken und etwas *hervorbringen* kann. Dafür sollten wir empfänglich und offen sein. Denn nur ein offener Geist ist kreativ. Ein Geist, der nicht begrenzt ist auf bestimmte Möglichkeiten und der alles mit aufnimmt.

Es hängt ja nicht einzig und allein von dir ab, welche Ausdrucksform adäquat ist, sondern auch von deinem *Umfeld.* Das heißt, es geht nicht darum, einmal deine innere Stimme zu hören und dann ohne Rücksicht auf Verluste das „durchzuziehen“, was du jetzt für deine Lebensaufgabe hältst. Viel wichtiger ist es, dass du in jedem Augenblick, bei allem, was du tust, *verbunden* bist mit deinem Inneren.

Das ist eine Kunst. Ich bezeichne sie als „yogische Lebenskunst“.

Wenn dein innerstes Wissen in deinem physischen, materiellen Leben zum Ausdruck kommt, bist du wie ein *Künstler*. Ein Künstler, der diese Schöpfung mitgestaltet. Dann lebst du dein Potential.

Und was da konkret gelebt werden will in dir,
das gilt es unmittelbar zu erfahren.
Indem du alles, was dir begegnet – im täglichen Leben
wie auf dem Sitzkissen – einfach fühlst.

Es wird seine Wirkung in dir entfalten. Du musst nichts weiter damit „machen".

Verliere dich also nicht im Interpretieren von irgendwelchen Visionen, von Erfahrungen aus der Kindheit oder aus früheren Leben. Sei einfach *wach* und präsent und richte dich immer wieder auf dieses innere Wissen aus, das dich erkennen lässt, was *jetzt* gerade ansteht – in diesem Moment deines Lebens.

Wenn du aus dem heraus handelst, dann gehst du vollkommen auf in deiner Aktivität und fühlst dieses „Verbunden sein". Dann bist du eins mit dir und allem, was dich umgibt. Da gibt es keine Fragen oder Zweifel mehr. In diesem Augenblick erfüllst du, was es in *diesem* Augenblick zu erfüllen gibt ... und erlebst, dass das Hier und Jetzt genug ist.

Es kann sein, dass es erstmal nur Phasen sind, wo du es so erfährst. Aber jede dieser Phasen hilft, dieser Kraft in dir noch mehr zu *vertrauen* und dich von ihr leiten zu lassen – wohin sie dich auch führen mag.

*Wenn du Wasser ausgießt, findet es immer einen Weg.
Es fließt einfach, wie es seiner Natur entspricht. Wie und wohin
genau, hängt auch von der Umgebung ab.*

Wenn es an einer Stelle nicht weitergeht, fließt es halt woanders hin. So zu sein wie Wasser, das ist die *höchste* Form von Kreativität – eine Kunst.

Was nicht heißt, dass wir jedes Hindernis akzeptieren sollten. Manchmal durchbricht das Wasser alle Dämme, und es höhlt den härtesten Fels. Sich nur anzuschauen, was der Herzenssehnsucht im Weg steht und einfach aufzugeben, ist nicht besonders „yogisch", sondern nur *feige*.

Es braucht oft viel Mut, der Stimme unseres Herzens zu folgen. Doch in meinen Augen ist es notwendig, dass wir in unsere Verantwortung kommen hier als Mensch. Und das tun wir nicht, indem wir ängstlich vor jeder Hürde zurückschrecken oder nur fordern und schauen, was wir von anderen alles bekommen können. Sondern indem wir etwas in dieses Leben *hineingeben*. Vielleicht ist es die Art und Weise, wie wir unsere Kinder erziehen. Oder dass wir einem alten Menschen helfen, die Straße zu überqueren. Jede noch so kleine Handlung kann bereits ein Ausdruck sein. In den kleinen Dingen zeigt sich das Große.

So zu geben, fühlt sich an wie „Ich *schenke* mich und verliere dabei nichts". Doch was in uns ist es, was nie verloren geht? Was immer da war, immer da sein wird und jetzt ist? Wenn wir uns dem, was uns *durchströmt*, vollkommen hingeben, dann werden wir zu dieser Kraft, die sich in dem unendlich großen, schöpferischen

Prozess zum Ausdruck bringt.

Gott gestaltet die Welt durch uns. Es ändert etwas, wenn wir mit dieser *Haltung* durchs Leben gehen. Nicht mit der Frage „Wie sollte ich als Person XY handeln?", sondern mit der Frage „Wie würde Gott durch mich handeln?".

Etwas in uns *kennt* die Antwort auf diese Frage. Um sie zu hören, ist es das Beste, den Geist ganz still werden zu lassen.

Wenn der Geist seinen natürlichen Zustand, seine reinste Form angenommen hat, dann wird uns die Antwort unmittelbar gegeben – in einer Stärke, die uns unsere Lebensaufgabe erfüllen lässt. In diesem Augenblick.

SPIRITUALITÄT LEBEN

Schüler: Kannst du uns etwas dazu sagen, was du unter „Spiritualität leben" verstehst?

Daniel: Der Weg des Yoga, der Meditation öffnet uns das Tor zu einem Höheren Bewusstsein. Er schenkt uns die Möglichkeit, etwas Großes und Mächtiges in uns zu erkennen und intensive Dinge zu erleben – innere *Welten,* die einen sehr verzaubern können, die einfach voller *Licht,* Glückseligkeit und Liebe sind ...

Doch wir können nicht den ganzen Tag auf unserem Kissen sitzen! Gerade für uns hier, die wir nicht in irgendwelchen Höhlen oder Klöstern leben, sondern ganz normalen Tätigkeiten nachgehen, mit verschiedensten Menschen zusammen sind, teilweise Familie haben, ist es ein *wesentlicher* Schritt in unserer Praxis, dass wir das, was wir in der Stille erfahren, auch in unser tägliches Leben bringen – dass es da eine Verbindung gibt.

Anderenfalls kann dieses Leben unerträglich werden und die Versuchung ist groß, sich komplett aus allem *herauszunehmen,* weil man sich die ganze Zeit nur noch auf sein Sitzkissen sehnt – nach einem samadhischen Zustand, in dem man nichts anderes mehr mitbekommt.

Es ist nicht leicht, aus diesen intensiven spirituellen Erfahrungen wieder „zurückzukehren" in das tägliche Leben. Doch es ist eine große und wichtige Aufgabe – die uns *bewusst* wird, wenn wir erkennen, dass das Leben an sich einen Sinn verfolgt und jeder seinen Beitrag zu leisten hat.

Jeder kann sich ja einfach sein Leben anschauen. Es hat mit Sicherheit einen Sinn, in welchem Kontext, in welchen Konstellationen wir hier leben. In diesem Rahmen tragen wir eine *Verantwortung,* der wir uns nicht entziehen können und auch nicht sollen.

Diese Verantwortung, für bestimmte Menschen zum Beispiel, können wir in uns fühlen. Und sie lässt uns die Notwendigkeit erkennen, hier in unserer *Umgebung* zu wirken und vielleicht Dinge in die Welt zu bringen. Für unser eigenes Wachstum, aber auch für das Wachstum anderer.

Wenn wir bereit sind, uns bewusst vom Leben schulen zu lassen, erkennen wir, dass alles, was das Leben mit sich bringt – jede Herausforderung, jedes Hindernis, jedes Leid – uns dabei hilft, zu wachsen.

Wir wollen nicht leiden, deshalb werden wir aktiv. Wir wollen raus aus dieser Situation, deshalb lassen wir uns etwas einfallen – das ist einfach in uns. So „zwingt" uns das Leben, uns den *Aufgaben* zu stellen, die wir zu meistern haben.

Deswegen begegnen uns so viele Dinge immer und immer wieder in unserem Leben, gerade auch in Verbindung mit anderen Menschen: damit wir erkennen, was wir zu lernen haben.

Mit jeder Lektion, die wir verstanden haben, gewinnen wir ein größeres Verständnis unseres Daseins, und „göttliche" Qualitäten können sich entwickeln, durch die sich das Höhere Bewusstsein hier auf Erden manifestiert ... durch uns, als uns.

Und das sollte die Ausrichtung jedes Meditierenden sein, der in der Welt tätig ist. Für nichts *anderes* sind wir hier.

Sobald wir diese Verantwortung fühlen, werden wir uns bemühen, „Samadhi mit offenen Augen“ zu erleben. Das heißt, dieses Gefühl von vollkommener *Glückseligkeit* auch in unserem täglichen Leben zu finden – Gott auch im täglichen Leben zu begegnen.

Viele „Wahrheits-Suchende“ suchen dieses „Eins sein“ oder „Gott verbunden sein“ nur auf dem *Sitzkissen* – die Erfahrung, nicht getrennt von irgendetwas zu sein. In so einem Augenblick sind wir und alles, was existiert, *ein* Wesen. Und unser Bewusstsein ist endlos ...

Doch wenn wir dann mit dieser Erfahrung von unendlicher Weite wieder zurückkehren in unseren Alltag, findet sie dort keinen Platz – sie „sprengt“ unser persönliches Bewusstsein und rüttelt an unseren sämtlichen Konzepten von der Welt. In dieser Phase fühlen sich viele sehr *instabil,* und es braucht große Achtsamkeit, um das Erfahrene nach und nach in den Alltag zu integrieren.

Achtsamkeitspraxis im täglichen Leben ist wie
ein Verbindungsglied – durch sie lernen
wir, im Leben aktiv zu sein, ohne uns in unserem
persönlichen Bewusstsein zu verlieren.

Wir beginnen, die Menschen und Dinge um uns herum in einem anderen Licht zu sehen und erkennen, dass sich in einer Vielzahl von Dingen, ja in der ganzen Vielfalt und *Mannigfaltigkeit* des Lebens das Eine zeigt.

Verschiedenste spirituelle Traditionen weisen uns darauf hin, dass wir das

Göttliche, uns selbst, unseren wahren Kern in allem erkennen können – auch in Verbindung mit anderen Menschen. „Warum suchst du Gott da oben? Er ist *hier!*“, sagen die Sufis.

Wir sollten Gott nicht irgendwo, fernab jeglicher Verbindung zum täglichen Leben suchen. Da es möglich ist, „die Einheit in der Vielheit und die Vielheit in der Einheit“ zu sehen, macht es keinen Sinn, die Mannigfaltigkeit abzulehnen oder nicht wertzuschätzen. Vielmehr können wir uns an der *Einzigartigkeit* sämtlicher Erscheinungen erfreuen, die alle aus dem Einen hervorgehen.

Das heißt, die Materie an sich – unser physisches Dasein – steht in keinerlei Widerspruch zur spirituellen Praxis.

Manche, die sich mit Spiritualität beschäftigen, sind
der Ansicht, dass Materie nicht wichtig sei oder keinen Wert besitze.
Doch das göttliche Bewusstsein existiert in allem.

In unserem Körper zum Beispiel, in jeder unserer Zellen zeigt sich im Grunde das ganze Universum. Wenn wir über den Körper meditieren und das *erkennen* können – warum sollten wir ihn dann ignorieren oder für nicht wichtig halten?

Sobald wir uns abtrennen von irgendetwas, kann das nicht der richtige Weg sein. Warum nehmen wir nicht einfach dankbar alles an, was uns zur Verfügung steht, um davon zu lernen? Und schaffen *Frieden* mit dem, was da ist? Auf diese Weise kann dieses Wissen, dieses göttliche Licht, das uns in der Meditation zugänglich wird, uns so *erleuchten,* dass es durch uns nach außen scheint und auch im täglichen Leben durch uns wirkt – durch unseren Körper.

Wir werden zum *Verbindungsglied* zwischen „zwei Welten". Meiner Erfahrung nach ist es ein Prozess, in dem wir uns immer wieder „emporheben", aber auch wieder „zurückkehren" ... und das immer mehr in eine Balance bringen.

In der vollkommenen Balance erkennen wir, dass es keine zwei Welten gibt. Dass wir nicht nur das Verbindungswerkzeug sind, sondern dieses Licht *selbst* ...

Ob unsere Praxis diese Verbindung schafft oder noch mehr Trennung, noch mehr Leid, hängt stark von der Art ab, wie wir praktizieren. Deshalb betone ich immer wieder, dass es in der Meditation nicht darum geht, sich aus dem Alltag *herauszunehmen,* sondern im Gegenteil sich voll und ganz ins Leben hineinzubegeben.

Und ich warne davor, sich zu *schnell* zu viel „zugänglich zu machen". Weil sonst die Gefahr besteht, dass man den Kontakt zum täglichen Leben verliert. Und dann erkennt man vielleicht gar nicht, dass es überhaupt so etwas wie ein spirituelles Leben gibt. Und dass wir die Verantwortung, in meinen Augen sogar die *Verpflichtung* haben, Spiritualität in unserem Umfeld zu leben. Das heißt, die Aufgaben des Lebens hundertprozentig anzunehmen, anstatt uns vor ihnen aufs Sitzkissen zu flüchten.

Auf den ersten Blick mag das vielleicht der einfachere Weg sein. Aber einer solchen Praxis fehlt die *Kraft,* die Verbundenheit mit dem Leben ... mit der Form, in der wir hier auf dieser Erde existieren.

Und dieses Leben wartet auf uns, gelebt zu werden.

Der Sufi-Meister Pir Vilayat Inayat Khan betont in seinen Lehren immer wieder, dass wir „*in* der Welt, aber nicht *von* der Welt" sein sollten. Auch während wir mit weltlichen Dingen beschäftigt sind, können wir uns in einem Zustand stiller Ekstase, absoluter Glückseligkeit befinden.

Wir können die Geschäftigkeit des täglichen Lebens sogar nutzen, sagt der Zen-Meister Baker Roshi, um das in uns zu erkennen, was *nicht* geschäftig ist. Das, was immer still ist, was immer da ist, auch wenn sich viele Dinge ereignen.

Wenn wir ständig der göttlichen Präsenz gewahr sind, während wir hier in der physischen Realität leben und wirken ... dann beherrschen wir die Kunst, Spiritualität zu leben – „yogische Lebenskunst".

Es ist mit Sicherheit nicht leicht. Aber auch mit Sicherheit nicht unmöglich.